后疫情时代的中国经济

China's Economy in Post-pandemic Era

魏杰 著

企业管理出版社
ENTERPRISE MANAGEMENT PUBLISHING HOUSE

图书在版编目（CIP）数据

后疫情时代的中国经济 / 魏杰著 . —北京：企业管理出版社，2020.6

ISBN 978-7-5164-2138-3

Ⅰ. ①后…　Ⅱ. ①魏…　Ⅲ. ①中国经济—研究　Ⅳ. ① F12

中国版本图书馆 CIP 数据核字 (2020) 第 085458 号

书　　名：后疫情时代的中国经济
作　　者：魏　杰
责任编辑：尚元经　李　坚
书　　号：ISBN 978-7-5164-2138-3
出版发行：企业管理出版社
地　　址：北京市海淀区紫竹院南路17号　　邮编：100048
网　　址：http：//www.emph.cn
电　　话：编辑部（010）68414643　　发行部（010）68701816
电子信箱：qiguan1961@163.com
印　　刷：三河市东方印刷有限公司
经　　销：新华书店
规　　格：148毫米×210毫米　32开本　8.5印张　186千字
版　　次：2020年6月第1版　2020年9月第2次印刷
定　　价：80.00元

自 序

2020年，注定会成为载入中国史册的重要一年。当然，也会成为载入世界史册的重要一年。

就中国而言——

一方面，2020年摆脱贫困，实现小康社会，从此进入以现代化为目标的历史进程之中，即到2035年基本实现现代化，到2050年建成现代化强国，因此，中国经济自2020年起，将出现新的特征与趋向，将不同于以往的中国经济，虽然它以原有经济为基础，是原有经济的发展与继续，但确实会形成新格局与新状态。

另一方面，突然暴发的新冠肺炎疫情，作为世界公共卫生事件，一下子逼停了中国经济，停工、停产、停业，打乱了中国经济的既有秩序，虽然新冠肺炎病毒没有改变中国经济的基本格局与历史进程，但确实对中国经济带来了新的严重的问题与挑战，我们面对疫情所带来的困难，虽然强调危中有“机”，但这种“机”确实不同于一般的“机”，可以说是风险叠起，极为艰难，属于“向死而生”的“机”。

由上述两个方面可以看出，中国经济必将是新格局与新趋势，伴随着新困难与新挑战，如何应对？我从自身所拥有的信息及分析方法，得出了一些判断并提出了一些建议，希望能为中国经济“增砖添瓦”。

是为序。

魏 杰

2020年5月10日于清华大学

目 录

新冠肺炎疫情与中国经济

总之，这次经济出问题不是经济本身的因素引起的，既不是需求不足，也不是供给方面出了大问题，更不是流动性不足，因而不宜搞刺激性政策，而是以修复经济为主。当经济不是因为经济自身原因而出现问题时，如果搞强刺激，只能打破经济自身规律，因而要以修复经济为主，让经济自行恢复常态。

经济运行和经济发展的正常秩序被打乱与被迫中断的原因大致上有两类：一是经济自身的因素，例如生产过剩的危机、债务危机引发的金融危机、外汇风险引发的国际收支危机等；另一类是非经济因素，例如，战争、政治动荡、公共卫生事件等。

经济运行及经济发展正常秩序被打乱或者被中断的非经济因素，首先，是战争这种极端因素，例如一战、二战及二战之后的各种区域性局部战争。战争对经济的破坏性无论怎么形容都不过分，当然，战争的消除依靠反战的和平力量。其次，是政治动荡的因素，包括意识形态冲突及宗教冲突、民族冲突等，人类应该以各种形式消除政治动荡对经济的影响，保证社会经济生活的正常与人民的幸福。最后，当然是公共卫生事件，主要是指全球性流行性传染病，例如这次我们所遇到的新冠肺炎疫情就属于这种因素。

如何应对公共卫生事件对经济运行与经济发展的冲击？在这次应对新冠肺炎疫情的过程中，我在2020年2月与3月份根据当时关于疫情的状况，先后写过16篇短文，提出过一些想法，可以看作是疫情的经济学日记，现整理如下，以便我们总结应对公共卫生事件的经验与教训。文中有些提法因为受当时信息不对称的影响，与后来的判断有些差异，但我在这次出版时并未修改，因为这样也可以看出一个人对这次疫情认识的深化过程，有些重复的内容也没有删，因为这样有利于认识一些问题。

一、对抗疫情与经济发展的几点建议

新冠肺炎疫情暴发得真是太突然了。我2020年1月3日一大早乘高铁去济宁的兖矿，晚上7时由济宁乘高铁回京，

1月4日下午乘高铁由北京到西安，1月7日下午由西安飞南昌，1月8日下午乘高铁由南昌到上海，1月10日晚上由上海飞深圳，14日晚上由深圳飞三亚，1月16日一整天都在三亚参加有100多莅会者的论坛,1月17日我女儿来三亚，准备全家在三亚过春节。在此期间，我感到整个社会运转正常，没有看到不祥之兆。尤其是2020年中国要脱贫进入小康，再加之又是春节前夕，因而我到处看到的都是繁荣与祥和。1月20日开始感到紧张气氛，紧接着1月22日得知23日武汉封城。停工、停产、停业、停学，社会经济开始停摆了,世卫宣布发生重大公共卫生事件。面对突然而至的灾难，如何办？我认为应该做到以下几点。

第一，根据疫情专家目前对疫情的判断，我估计疫情有可能在4月底开始转好，社会经济在5月与6月逐渐完全恢复。因此，疫情对我国经济发展的实际影响将是6个月，1月到4月因为疫情，企业开工复工情况不好，不少经济活动几乎停摆，经济发展受到重创，5月与6月虽然社会经济开始恢复，但仍然会受到一定的影响，因此，我们应该主动下调2020年的经济发展指标，不要再坚持原有的预期，否则，就会导致对经济进行不必要的盲目强刺激，而且各地政府也会在下行压力下胡乱搞投资，弄虚作假，甚至会松动不应该松动的某些政策，例如放开应该坚持的“住房不炒”的房地产政策，等等。总之，在经济指导思想上应该充分估计疫情对经济增长的负面影响，主动下调经济增长目标，这不仅不影响人们对经济发展的信心，而且会使人们正视困难，更加科学而有效地推动经济发展。

第二，疫情对财政带来巨大的压力。一方面，不仅因为疫情税费必然会少收，而且还要给企业及个人减税减费，财政收入会较大幅度地减少；另一方面，疫情的各种支付都要由财政来承担，例如确诊病人的所有医治费要财政负担，甚至死亡病人的丧葬费也要由财政来负担，可见，财政必然会由于疫情形成巨大的赤字，目前的捐款解决不了问题。因此，我建议应该发行疫情国债，数量可以确定在 2 万亿左右，债期可确定为 5 年到 10 年。这样既可以保障财政的平稳，又可以为公众创造投资机会，减少社会游资对股市及房市带来不必要的冲击。

第三，为了应对疫情，货币政策应该有效降低企业融资成本与保证流动性充足，但绝不能搞宽松的货币政策，防止因为疫情而形成未来的通胀。尤其是要防止货币进入房市及股市，形成不必要的压力。目前朋友圈都在发有关放开房市的各种不知来路的信息，甚至有人称应该放开股市融资，促进股市大涨，这实际上反映了一些人对宽松货币政策的期望，试图利用疫情而使货币政策转型，走向宽松的货币政策。因此，要警惕要求货币政策走向宽松的社会思潮，绝不能搞宽松的货币政策。

第四，在对产业的扶持上，要按照各个产业的受损状况及重要性，有序帮助各个产业的恢复。首先，要对在世界供应链上具有重要地位的产业及企业加大扶持力度，确保我国在世界供应链上的重要地位与作用。其次，要加大对第三产业的扶持，因为第三产业这次疫情中受冲击最大，而第三产业对我国经济增长贡献又最大，在50%以上，如果不加大对第三产业的扶持，很难确保增长不受冲击。再次，对南方农业要加大扶持力度，因为南方冬季的反季蔬菜及瓜果因为疫情而中断了运输，农业损失较大，例如海南农业因为疫情使不少蔬菜及瓜果烂在了地里，无法运向北方，损失较大。对各产业扶持的重点，是帮助有关企业解决开工复工的各种具体困难，同时，依据2019年上半年统计资料，以此为基础，给相关企业做一些应有的财政补贴。

第五，要与世界各国进行沟通，消除国际不必要的恐慌，不能因为疫情而中断贸易运输及人际交流。中国几十年的开放，已经全面融入世界分工协作之中，如果国际贸易及人际交流较长时期停摆，对我国社会经济生活会带来巨大的损害。当然，最近国外疫情在不少国家有加重的趋势，这就增加了我们尽快恢复国际贸易与人际交流的难度，但我们还是要以各种方式尽快恢复国际贸易与人际交流。

第六，要处理好疫情防范与经济发展的关系，既不能忽视对疫情的防范，也不能防范过度。现在有些地方开工复工难的重要原因，是有人过于怕负责任，本应松动的一些防范措施仍然僵化地执行，非常不利于企业开工与复工。不能搞一刀切，应该根据疫情轻重程度不断松动有关措施，在确保疫情防控的同时逐渐恢复社会经济活动。疫情防控是硬任务，逐渐恢复社会经济活动也是硬任务。

二、面对疫情，中国经济怎么办

疫情的严重程度及其对社会经济的影响，远远超出了我原有的判断，我们应该全方位应对，而且要举全国之力，做到如下几点。

1. 总体指导思想应该是“修复”经济，而不是“刺激”经济

这次中国经济出问题，并不是经济本身的因素引起的，而是非经济因素，即公共卫生事件引发的，也就是疫情迫使经济停摆，出现了停业、停工、停产，从而引发了整个社会经济的停滞，因此，我们的对策应该是修复经济，消除疫情对社会经济活动的影响，使社会经济恢复到自己的常态，而不能搞强刺激，强刺激无益于经济的逐渐恢复，只能打乱经济的正常运行。

既然是修复经济，让经济恢复自身的常态，因而要承认经济增速的下行，例如2020年我们的经济增长可能会掉到百分之二三左右。这很正常，因为修复需要一个过程。按照公共卫生专家的说法，全世界疫情可能要到7、8月份才能结束。虽然我国因为应对疫情的战略正确，大约在4、5月份可以基本结束疫情，经济修复有望在5、6月进入正轨，但是因为世界疫情结束会拖到7、8月份，因而我国作为在世界产业链上处于最为重要地位的国家，经济修复的时间段也会拖到7、8月份，大约在7、8月份才能真正恢复正常。

在大半年经济都不能恢复正常状态的条件下，增速回落是必然的，甚至会是负增长，不必过度紧张，要承认经济自身的规律。

经济增长速度下降，并不代表2020年无法实现脱贫攻坚战，我们2020年可以实现建成小康社会的目标。因为我国脱贫任务的重点是农村，是一些6、7线城市，农村与6、7线城市虽然也受到疫情的影响，但其损失远远小于大中城市，甚至有些地方基本没有受到影响，因而只要政策得当，就是在增速回落的条件下，也基本上可以实现脱贫任务。

非经济因素引起的经济增长停滞，不是经济本身出了问题，而是因为外部因素，因而只要我们逐渐解决非经济因素的影响，让经济恢复到正常运转就行，因而重点是修复，而不是刺激，不是改变经济的内在运行机理。现在不少人强调刺激经济,实际上这从长远上看是有害的。应该是修复经济，让经济恢复到疫情前的运转状态。病看对了,才能对症下药，否则会有害于经济的长远发展。

总之，这次经济出问题不是经济本身的因素引起的，既不是需求不足，也不是供给方面出了大问题，更不是流动性不足，因而不宜搞刺激性政策，而是以修复经济为主。当经济不是因为经济自身原因而出现问题时，如果搞强刺激，只能打破经济自身规律，因而要以修复经济为主，让经济自行恢复常态。

2. 修复经济的最重要工具是财政政策，而不是货币政策

美国面对疫情给经济所带来的压力，采用了历史上最为宽松的货币政策，不仅降息，把利息降到 0 ~ 0.25 的程度，而且还扩大了货币投放，例如在 2 月增加了 5500 多亿的流动性，特别是将银行存款准备金率降到零，结果是股市暴跌，又进入了一次熔断，使整个金融市场动荡。这说明，面对疫情，修复经济的主要武器并不是实行最为宽松的货币政策，这是开错了药方。中国绝不能走宽松货币政策的路子。

这次疫情对经济的冲击，虽然首先表现为停业、停工、停产，企业亏损压力很大，但这种压力最终都会转为财政上的压力。

第一，因为企业停业、停工、停产，财政税费会大幅度减少，而且财政还要减少企业税费的缴纳，例如中国减免了企业的增值税及社会保障费用的缴纳。

第二，财政额外的支出突然加大，财政不仅要承担患者的全部医疗费用，承担各省及军队援助湖北的医疗队的费用，甚至承担逝者的丧葬费用，而且还要对受疫情较重的企业及产业实施财政补贴，对因疫情而无法就业的人支付失业救济金，因而财政的非正常预算支出非常大。

财政收入大幅度减少而非正常支出突然增大，当然财政赤字压力较大。

因此，我们修复经济应该从修复财政开始，通过财政的修复而使财政帮助企业逐渐走出疫情的困境，修复财政就等于修复企业，修复整个经济。

如何修复财政？

一是发行长期灾害国债。数量可以确定为2万亿左右，每年付息，到期还本。这既可以使财政有力量帮助企业走出疫情的影响，例如财政对受疫情影响严重的企业减免税赋，搞应有的灾情补贴等，同时又可以吸引社会的游资，减轻房地产的压力。现在有人之所以要“炒房”，就是因为找不到风险较小而投资回报好的投资渠道，如果以灾害国债的方式将这些游资以国债方式转向实体经济，可以说是一举两得。中国在国债上还有较大的运作空间。

二是变现国有资产。将不涉及国家经济命脉与不涉及国家经济安全的国有资产变现，增强财政应对疫情的能力，这既可以使财政通过减免税费及补贴的方式,使企业较快复工、复产、复业，走出疫情的困境，又可以与国企改革相结合，推动混合经济的形成，有益于深化改革。

总之，我们这次面对疫情，修复经济的最主要政策工具是财政政策，千万不能搞宽松的货币政策。我们可以有效降低企业融资成本，但不能搞宽松的货币政策。中国经过2017、2018、2019这三年对金融风险的化解，已经取得了有效的成绩，很不容易，但如果这次因为疫情而使货币政策走向宽松，那将既不利于化解系统性金融风险，也不能推动企业走出疫情的困境，因为企业面对的压力，不是因为流动性不足引起的，而是因疫情引起的，对此，宽松货币政策没有意义，而且还会添乱，不利于整个经济的修复。

这里需要强调的是，中国经济仍处于上升期，从长期来看，税费增长空间仍然很大，同时，我们是具有强大国有经济的国家，国有资产及国有经济收益庞大，这两条决定了中国财政政策运作实力实际上较大，再加之目前政府债务还有运作的空间，因而中国财政政策的潜在力量很大。相反，货币政策运作能量是有限的，一是因为目前化解系统性金融风险仍然是重要任务，二是因为人民币在国际上所占的储备货币的比例仍然比较低，这二者决定了我们不能实行宽松的货币政策，而是在美国过度推行量化宽松货币政策的同时，强调货币政策的稳健性，增加人民币的含金量，增强国际地位。因此，宽松货币政策在中国绝不是应对疫情的好的选择。我们要做的是运作好财政政策。

三、关于本次疫情的经济学思考

从 2019 年 12 月底到 2020 年 1 月初疫情开始被发现，尤其是 2020 年 1 月 23 日武汉封城，到现在经过 3 个多月的努力，我们终于基本上控制住了疫情，虽然现在因为国际上疫情开始暴发，外输病例开始增加，但总体上是可控的，因而就我国来讲，疫情可以在 4、5 月份缓解。在疫情接近结束的时候，我们有必要对这次疫情做些深度的反思。

1. 预警系统极其重要

从这次疫情来看，重大公共卫生事件能否及时控制的关键，在于预警系统能否及时发现问题，准确预警。我不是公共卫生方面的专家，很难做出准确判断和具体提出相关建议，但从现在已公开的信息来看，我认为这次疫情在反应上确实有些滞后。如果在2020年1月初就开始控制疫情，封城，阻断人流，后果一定会比现在好很多。应该说，我还是一个很关注各种信息的人，但对这次疫情在2020年1月初并未看到有关信息，2020年1月8日我还从南昌上了由武汉到上海的高铁，根本没有任何察觉，到处都是要欢庆春节的节日气氛，甚至到了1月14日，我还从深圳坐飞机到三亚，在机场并未感觉到有关这方面的问题，一片太平盛世的感觉。如果在1月初有关信息能释放出来，人们就会进行自我保护，根本不会形成后来的情况。我不知道这次疫情预警在哪个环节上出了问题，估计是因为问题重大，在未确定之前无法下决心，从而延误了时机。但我认为即使在还未确定有疫情暴发的这种情况下，如果仅怀疑有疫情可能将要出现，也应该向外释放信息，提醒人们自我保护。对重大公共卫生事件，宁可信其有，不可信其无。即便是释放了信息，人们做了自我保护，但后来疫情并未发生，总比没有释放信息使疫情发生后人们无所应对要好。怀疑狼要来，喊一声狼来了，人们有所准备，但狼并没有来，要比怀疑狼要来而没有喊狼要来了，结果人们没有准备而受到狼的攻击要好。防患于未然应该是应对突发公共卫生事件的一项重要原则。

据新闻报道，当时有一位一线的医生在朋友圈里发了有关疫情的信息，结果还被警方喊去训诫，要求承认错误，而且重要媒体还将此事作为加强舆论管理的正面事件加以报道，要求人们不要听信谣言。这种对信息的监控做法是要反思的，对于来自于一线的有关人士的一些灾害性信息，我们要多加重视，而不是随意封杀。传播有关信息与传播某种价值理念不是一回事，不应随便封杀来自于一线的相关人士的有关灾害的信息，而是要对这种信息非常关注，向有关决策部门传递这些信息，以引起有关决策部门的重视，这方面的教训我们一定要记取。

这次疫情完全结束后，我建议公共卫生事件预警体制能得到改革，形成一个非常灵敏而又传递迅速的公共卫生事件预警系统，不要随便封杀这方面的信息，不要怕引起恐慌与混乱，有时恐慌与混乱反而能形成公众自发的抗疫能力。

2. 构造雄厚的财力与物质基础

抗疫的最关键问题是要有雄厚的财力与物质基础。世界上不少国家之所以抗疫能力微弱，就是没有雄厚的财力与物力基础。因此，必须构造雄厚的财力与物质基础。

第一，形成庞大的灾害基金，建立各种有利于抗灾的保险体系。未来必须将一定量的财富用于建立抗灾基金，使其在 GDP 中占到接近 1% 的比例。同时，开设各种有利于抗灾的保险项目，使机构及个人能将一部分财富用于这类保险之中，这对个人抗疫能力增强很有意义。

第二，医院、病床、医疗设备及医生团队要不断增强，这方面不要怕有“闲置”,就是要形成超过正常需求的“闲置”,只有这种“闲置”才能保证抗疫的需要。北京的小汤山医院，武汉的火神山医院、雷神山医院等抗疫性医院，在疫情结束后不要毁掉，而是要维系，以备关键时使用。抗疫所需要的药物及医疗设备的生产“潜力”要能够维系其存在，这不是浪费，不是“社会虚费”，而是应有的抗疫能力的保存。医生团队更要不断增加，宁可有些“闲置”，有些“过剩”，也不能短缺，社会要养，这同养兵千日用兵一时是一个道理。

第二，生活必需品供给正常，不仅要保持一定的“库存”，而且必须要保持物流顺畅，抗疫时要控制人流，但必须畅通物流。本次抗疫中我们坚决控制人流是对的，但有些地方搞一刀切，使物流也中断了，例如海南就因为物流被中断，而使反季瓜果及蔬菜无法进入内地，成片成片地烂在地里，而内地又非常急需反季的瓜果蔬菜，实在有些可惜。因此，必须在控制人流时保持物流的畅通。

3. 正确的心理预期引导

公共卫生事件的主体是人，人的心理预期对抗疫有着重要作用。人的心理预期大致上可分为三个阶段。

第一，疫情处于潜在的萌芽状态，甚至决策者还没有明确判定疫情，这个阶段让人们有些恐慌心理是有用的，应该及时释放有关疫情可能暴发的信息，这时人们的恐慌心理对激发人的自我保护意识有作用，从而会形成公众对疫情传播的巨大抗阻作用。让公众形成“宁可信其有，不可信其无”的心理预期是对的，有利于形成抗疫的公众行为，心理压力会转化成为自我保护的动力。

第二，疫情已确定并已暴发，这时应该让公众形成淡定的心理预期，使人们知道我们有能力，有信心，抗疫一定取得胜利。这个阶段心理预期的关键是增强人们的信心，信心与淡定的心理预期很重要，这将有利于抗疫。

第三，疫情即将结束，这个时期的重点是让人们走出心理阴影，形成平安的心理预期，鼓励人们积极参与复业、复工、复产，打消恐惧心理，“放任”自身的行为，大胆消费，享受快乐，享受生活，愉快工作，给人们一个太平盛世的心理预期。

4. 强化国际合作

在世界产业链已经形成，人们的社会经济生活日益国际化的条件下，公共卫生事件已经不是一个国家和地区的问题，而是会很快形成全球的公共卫生事件，因而需要国际合作。从这次的疫情来看，这方面有三点极其重要。

第一，互相公开疫情信息，不能搞任何形式的隐瞒。中国这方面做得很好，不断及时向世卫组织及全世界公开疫情发展状况。

第二，各国之间交流防疫经验，并且在物资及医疗设备及医生团队上互相帮助，相互支援，共同应对疫情。不能隔岸观火，甚至落井下石。中国这方面也做得很好。

第三，外防输入很重要，防止病毒在国与国之间传播。中国到 3 月份已基本上控制了国内的疫情，但外部输入又成为重要压力，因而必须堵住病毒从境外输入，采取境外进入者必须集中隔离 14 天的举措是对的，这不是什么人权不人权的问题，在这方面不要“心慈手软”，甚至对那些明知已带有病毒而入境者要严惩。在这方面，有些患者竟然想享受中国的免费治疗的好处，带病入境，对这些人不仅要他们必须支付费用，而且还要惩处。这里没有什么爱不爱国的问题，防止有人打“爱国牌”，导致境外输入又把中国拖入疫情反弹的困境。

四、应对公共卫生事件最终靠什么

任何社会经济主体，无论是个人、企业还是国家，实际上都会遇到各种各样的风险，既包括经济性风险，例如金融危机，也包括非经济性风险，如新型冠状肺炎，因而人类社会必须要面对各种风险。如何面对？无非两条：一是避险，二是抵抗风险。尽量避开风险当然最好，但是有些风险最终因各种原因而无法避开，这就要求人们要抵抗风险。

就 2019 年底到 2020 年初这次新型冠状病毒肺炎来说，避险的最主要举措有两条：一是形成良好的公共卫生及饮食习惯，例如，不要任意胡乱吃各种野生动物，防止病毒传人；二是形成非常灵敏的预警机制，防止疫情扩散。

但在疫情未能规避，疫情暴发之后，我们应对疫情的重要举措则是“封城”，阻隔病毒传染的所有通道，并快速寻找最佳治疗药物及治疗方案，等等。在这些举措的背后，有一个最为重要的根本性举措，这就是要有极强的财力基础，没有财力基础的支撑，人类社会是无法抵抗这次疫情引发的风险的。

如何形成抵抗风险的财力基础？这里主要有三个层面的问题。

1. 个　人

任何个人都应该积聚有效的应对风险的财力基础。因此，任何个人都不应该将自己的财富全部用于消费与投资，要有“留存”。

刺激消费，希望公众扩大消费与提高消费档次，这是不少专业人士开出的促进经济增长的药方，这当然没有错，但就个人而言，则不能过度消费，要有“留存”。例如，自己的消费能力只能住 100 平方米的房子，那就不能非要过度举债而住 200 平方米的房子。再例如，自己的消费能力不足以经常出国旅游，那就要量力而行，不能“追风”。总之，不能过度消费，要有“留存”。

人们都希望通过各种投资而保值与增值自身的财富，这无可非议，但任何投资都是有风险的，只不过是风险的大小有所不同而已，因而不能将自己的财富都用于投资，而是要有“留存”。

在现代社会条件下，人们“留存”财富以应对风险的举措主要有两条：一是银行储蓄，现在有人抱怨银行存款利息太低，不愿存款，这是不对的。银行储蓄在某种意义上并不是投资，而是无风险性的财富“留存”，是为了应对风险的，并不是单纯追求投资回报的行为。二是购买灾害性保险，以增强自身的抗灾能力。

正因为银行储蓄及购买保险是人们增强抗风险能力的路径，因而金融监管机构必须加强对银行及保险机构的监管，不能让其出问题，而且有的银行及保险机构出了问题，社会必须托底救助，不能出现系统性金融风险，否则，社会就会动荡，人们就没有信心。虽然法律上允许银行破产，但这仅仅是迫使银行搞好经营的约束性机制，并不是真要银行破产。即使银行真的破产，也要最大限度保障储户的利益，通过接管等方式使银行渡过难关。

实践表明，个人通过财富积聚而使自己增强抗风险能力是很重要的。我在上高中时，有位语文老师在讲课时说，人的思想往往受制于人的社会经济地位，并举了一个例子：在一个大雪天，有四个人同时赶到山神庙里避雪，一个是文人，一个是进京赶考的秀才，一个是“土豪”，一个是砍柴的樵夫。四人无事，提出共同对诗取乐。文人讲：大雪纷纷坠地，这说明文人有其诗意的本性；进京赶考的秀才有意巴结皇家，脱口而出：都是皇家瑞气；土豪对答：下它三年何妨；樵夫怒答：放你娘的狗屁。土豪之所以讲下它三年何妨，是因为家中有粮，心中不慌，有抵抗雪灾的能力；樵夫之所以骂娘，是因为再下雪，就无法进山砍柴，一家人生计就有问题，没抗灾能力啊。

总之，对个人来讲，抗灾最重要的一条，就是要有财力保障。因此，任何人不能将财富消费光，不能将财富都进行有风险的投资，而是要有“留存”。这种“留存”在风险来临时，能有效应对风险。在这次新型冠状病毒肺炎疫情中，有人淡定，感到不工作也可以生活，而有人很担心疫情延长，不能赚钱，生计有问题，这其实反映了每个人抗灾能力的差异。

2. 企　业

任何企业都不能将自身的财富全部投入到有风险的领域，更不能超过正常水平而搞过度举债投资，而是要有应对风险的“留存”。这部分用于应对风险的“留存”必须要达到应有的水平，否则，将无法应对风险。

这次新型冠状病毒肺炎爆发后，有的企业基本上在疫情过后就消失了，有的企业则能够挺过去。有的企业家告诉我，他的企业最多只能撑两个月，疫情若延长到4个月，他的企业就垮了。也有的企业家告诉我，他的企业可以支撑6个月，只要疫情在5月结束，他的企业就可以缓过来。之所以不同的企业对疫情有不同的抵抗力，最终原因是因为各自抗风险的财力不同。有的企业有钱，可以支付在停业、停工、停产时期的各种生产要素的费用，例如房租及员工工资等，而有的企业则因为没有钱维持企业在停业、停工、停产时期的生存，因而疫情暴发就无法继续生存了。

企业增强自身抗灾能力的有效办法，一是不能将利润全部用于投资，而是要建立有效的防风险基金；二是要购买各种灾害性保险，通过防风险基金与灾害性保险，增强自身的抗灾能力，化解风险，成为百年老店。

实践表明，任何企业都不能单纯追求扩张，无所顾忌地盲目投资，而是要把稳放在应有的位置上，要注重增强自己的抗风险能力。生存实际上是第一位的，没有生存，何谈发展？因而必须处理好发展与生存的相互关系，把握好扩张与防风险的关系，从而做到稳中求进，稳中有进。

3. 国　家

国家以人民为中心，保证人民福祉是其宗旨，但这并不是说国家要将自己所拥有的财富全部用于人民的消费与投资，而是要有应有的“留存”，要有应对风险的财力，否则，当风险来临时就会无应对之力，无法保障人民的福祉。

面对暴发于2019年末到2020年初的这场新型冠状病毒肺炎疫情，如果我国没有强大的财力，是不可能取得人们公认的抗疫效果的。据有关资料，一个患者的治疗费用，大都在几万到几十万元，甚至重症患者的费用达到百万之巨。按照8万多患者这个数据计算下来，国家要支付庞大的医疗费用，试想如果国库空虚，如何能支付得起？这还不包括国家减免税费等方面的费用，以及用于抗击疫情的其他费用，例如对贫困家庭的补助等，因此，国家一定要在保证消费与投资的同时，增强自身应对各种风险的财力储备。

国家如何增强自身应对风险的财力储备？当然首先是在国家预算中，除了用于人民消费与投资之外，保留一定比例的财富用于储备，这种储备是真金白银式的，确实是对当年新增财富的“留存”,而不是在风险来临时搞货币发行来应对。靠货币发行来应对风险，只能增加通胀的压力，留下无穷的后患。财政政策就是财政政策，货币政策就是货币政策，不能混用，要彻底分清才对。因此，我建议每年国家必须将自己新增的财富“留存”一部分，既不能用于消费，也不能用于投资，而是“留存”并积累起来，应对种种风险。面对新型冠状病毒肺炎的疫情，我国之所以能够对广大患者搞免费治疗，敢于封城，能够让人们在停业、停工、停产的条件下还能正常生活，就是因为我们有强大的财力支持，而有的国家连口罩都不能为老百姓发放，就是因为没有应对风险的财力。因此，国家每年所获得的新增财富的一部分，不能用于现时消费与投资,而是要作为应对风险的“留存”而储备起来，这是一项保证国家长治久安的基本国策，我们必须坚持与完善，这次新型冠状病毒肺炎的疫情再次说明了这一点。我们讲成绩，不能光讲如何提高了人们的消费，搞了多少基础设施建设，还要看我们应对风险的财力有多少增加，这个指标也很重要。

五、从新冠肺炎疫情中应该总结什么

从2019年底到2020年初这次新冠病毒肺炎疫情中，我们不仅总结了应对这种疫情的经验教训，形成了应对这种疫情的战略、具体举措及治疗方案，而且也使我们得出了一些重要的治国理政的方略。

1. 要重视非经济因素所引起的巨大社会风险

我们在过去的社会经济发展中，似乎更加关注经济方面的风险，强调发展是硬道理，似乎只要经济发展了，所有风险都可以防范，所有问题都可以解决。现在看来，这种认识是有偏差的，这次新冠病毒肺炎疫情，完全中断了社会经济发展，但它并不是经济方面的风险，而是非经济方面的风险中断了社会经济发展。这种非经济方面的风险对社会经济的破坏作用，似乎要远远大于经济方面的风险对社会经济的破坏作用。例如对中国经济的影响，要远远大于1998年的亚洲金融危机及2008年美国金融危机。因此，我们在社会经济发展中不能只关注经济因素引起的风险，而且要更加关注非经济因素引发的风险。

正因为如此，我们要从单纯的经济改革转向政治、经济、社会、生态、文化五大改革并举的改革。非经济方面的改革是极其重要的。这次新冠病毒肺炎疫情应该涉及社会改革方面的问题。社会改革主要包括教育、医疗、社会保障。医疗是其中重要一条，医疗包括正常疾病防治，也包括重大传染性疾病的防范与治疗。这次新冠病毒肺炎疫情即要求我们完善对重大传染病的报警系统及防护体系的改革，需要有重大改革举措才行，否则，还难免会出现这方面的风险及危机。

其实，非经济因素的风险不仅表现在诸如公共卫生事件这些社会领域方面，而且文化、生态等方面也会形成影响社会经济运行的巨大风险，例如暴力文化、不良文化及颓废文化等因素，也会形成对社会经济活动的重大冲击。新疆恐怖主义的背后实际上是文化引起的风险，所以我们从校正文化意识入手是对的。总之，应该重视非经济因素引起的巨大风险。

2. 非经济因素引起的风险对社会经济运行的冲击是巨大的

就这次新冠病毒肺炎的疫情来说，我们的损失表现在两个方面：一方面，按照 2019 年 GDP 的增长情况算，中国经济停止一天，GDP 损失 2700 多亿元；中国经济停止 1 个月，GDP 损失 8 万亿元左右。我国 2020 年 2 月基本上经济停摆，3 月份开工率及复业率仍然较低，像餐饮、影院、旅游等根本就没有复业，因而 2020 年 2 月及 3 月 GDP 损失应该在 3 万亿元左右；另一方面，社会要为新冠病毒肺炎患者提供免费医疗，全国派出 4 万多人支援武汉及湖北抗疫，修建新的抗疫的临时医院，为阻断疫情搞各种关卡及配备相关人员；对企业减税费；为贫困人员提供补助等等，这些支出并不是正常的支出，实际上是疫情引起的非正常支出，对社会来讲就是一种损失，我估计这方面的损失大约在 1 万亿元左右。

因此，非经济因素引起的风险，对经济社会生活的冲击是巨大的，我们不要小看非经济因素引起的风险。我认为本次新冠病毒肺炎引起的经济损失，要超过 1998 年的亚洲金融危机及 2008 年的美国金融危机。

3. 应对非经济因素引起的风险不能单纯用刺激政策

本次新冠病毒肺炎疫情对经济的直接冲击是逼停了运行，也就是停业、停工、停产，因而应对疫情的主要问题是推动复业、复工、复产，帮助企业及个人复业、复工、复产，解决企业及个人在复业、复工、复产中的困难，例如减免税费、降低利率、提供流动性、对困难群体进行补助等，总之，要围绕复业、复工、复产而出台政策，也就是以修复经济为目标。

但是在疫情暴发后，几乎所有人都提出要刺激经济，基本考虑刺激政策，尤其是有人强调货币政策的刺激作用。这些认识是不对的。非经济因素对经济运行的冲击，与经济因素对经济的冲击是不同的。非经济因素对经济的冲击是逼停了经济运行，因而主要是复业、复工、复产，不是刺激政策，而是要修复经济，恢复经济运行。

本次疫情使中国经济停摆了 4 个月左右，因而这 4 个月本该创造的 GDP 总量当然要减少，估计应该在 15 万亿左右，因而即使 6 月全部实现了复业、复工、复产，那么全年 GDP 也不可能达到预想目标。因为经济恢复之后，原预想可能增长 6% 左右，那么经济恢复正常运行之后，也只能是 6% 左右，不可能经济恢复正常运行之后一下子增长到 9% 左右。因为原来预想增长目标时，是按照经济运行的最大增长目标确定的，这是经济增长的真实规律所决定的，不会因疫情反而使增长达到 9% 左右，这是不可能的。因而我们应该承认疫情所带来的损失，不能胡乱搞刺激政策。经济增长因疫情不达标是正常的，没有什么了不起，这是规律，我们应该承认。如不承认，非要搞所谓强刺激，只能是后患无穷，切不可搞增长大跃进，要尊重经济规律。

4. 注重防范非经济因素引起的风险的后遗症

就这次疫情引起的风险来说，我们在抗疫中注重了财政政策与货币政策的使用，例如，财政政策提高赤字率，增加各种专项债券发行，据估计到 2020 年 4 月，数量就已达到 5 万亿之巨。又例如，货币政策增加央行货币投放，降准降息，增加流动性，到 2020 年 4 月份，流动性数量增加了 4 万多亿。

应该说，这些政策的出台是必要的，但我们也应该认识到，这些政策也增加了政府债务负担，增加了通胀的压力，必须要有有效的相关配套政策，防止债务及通胀压力转变成为金融风险。

我国 2017、2018、2019 年非常关注化解债务风险与金融风险，例如 2017 年强调去杠杆，2018 年强调结构性去杠杆，2019 年强调稳杠杆，好不容易将负债率控制住了，而且将 M2 控制在一位数，即 8% 多一点，因而为防范系统性金融风险打下了良好的基础。这次应对疫情，如果不注意对财政政策与货币政策的谨慎使用，可能会带来更大的债务压力及流动性过度的压力，从而会增加系统性金融风险的压力。因此，不宜过度强调刺激经济，盲目地保证增长速度，而是应该注意抗疫的后遗症问题，不能因解决疫情问题而带来太多的后遗症。

六、面对疫情的几种思路

面对这场疫情，经济学界提出了许多建议，这些建议概括起来，大致上有三种思路。

第一，修复经济。

也就是强调应该以复业、复工、复产为中心，解决复业、复工、复产中的各种问题与困难。例如，对因疫情而收入大幅度减少的困难群体发补贴，对 4 月份积极参加复业、复工、复产的人员可以按照 2019 年 2 月 3 月的收入水平发 1 个月或2个月的工资；再例如，对因为疫情而停业、停工、停产的企业减免税费，对于因为疫情损失严重的餐饮、民航、旅游、娱乐等产业的企业根据2019年2月3月的纳税情况给以应有的补贴；又例如，对于因为疫情而无法还债的企业可以搞债务展期，对因为疫情引发的交通阻隔而无法上班的员工在交通运输上给以最大的帮助，等等。总之，应该围绕企业复业、复工、复产，解决相应的困难及问题，企业复业、复工、复产之后，经济就会逐渐步入正轨，恢复到常态。我认为修复经济主要是6个保，保就业、保民生、保市场主体、保产业链与供应链、保能源与粮食安全、保基层正常运转。办法主要有两条：一是减免税费，二是加大补贴，包括对企业及个人的补贴。

第二，刺激经济。

这种思路是以原来预定的2020年经济增长目标为方向，强调在疫情后刺激经济。例如，在财政政策上，提高赤字率，发行5万亿的专项国债，发行3.7万亿的地方城投债。又例如，在金融政策上，对中小金融机构再贷款与再贴现1万亿；中小金融机构降准释放流动性4000亿，金融机构发金融债3000亿。又例如，启动新基建，新基建包括三大类：一类是信息类，包括网络、人工智能、数字化，要加大5G投资及数据中心投资，等等；一类是融合类，即用高新技术提升传统基础设施，例如智能交通、智能能源等；一类是科创类，例如重大科技创新中心、科教中心等。总之，这种思路强调刺激经济，要把疫情的损失补回来，使中国经济仍然达到原有的既定增长目标。

第三，深化改革。

这种思路强调经济遇到问题后，不能总想着如何刺激经济，而是应该深化改革，解决经济体制的深层次问题，增强经济自身抵抗各种风险的能力。这种思路强调深化改革的重点是推进混合经济、市场经济、法治经济的改革，最大限度地减少政府管制，激活经济自身的活力。

上述这几种思路似乎都有自身的考虑及优势，但实际上是这三种思路都不能走向极端，不能排斥别的思路。从目前的情况来看，我们首先是要解决企业复业、复工、复产的问题，当然要以修复经济为主。在经济开始恢复之后，搞些经济刺激政策是有必要的，但是要考虑限度的问题，例如财政政策的借债要考虑债务的适度问题，我们好不容易刚刚将宏观债务稳定了下来；又例如，货币政策既不能出现“钱荒”，也不能出现“钱毛”，我们这几年好不容易取得了化解金融风险的成绩。当然，中国经济的长期持续地平稳发展，需要改革的深化，因而我们在企业复业、复工、复产之后，并通过刺激政策使整个经济进入常态时，就必须根据中国经济体制的深层次问题而推动改革，改革几乎是一个永恒的主题，在不同时期只是改革的具体内容有所差异而已。总之，应该根据疫情的具体情况，统筹考虑，实施精准的对策，保证中国经济的平衡发展。总体来说，在2020年第一、二、三季度应该以修复经济为主,第四季度应该出台一些刺激性政策，2021年开始要加大改革力度。

七、疫情与经济衰退、金融危机

在应对疫情的过程中，人们除了关注如何尽快阻断病毒传播与如何有效救治病毒感染者外，最为担心的是疫情是否会引发经济衰退，甚至引爆金融危机。

1. 疫情引发经济衰退的路径与条件

疫情之所以能够引发经济衰退，是因为疫情中断了经济的正常运行，逼停了经济运转，打乱了经济秩序，出现了停业、停工、停产，因而疫情是否会引发经济衰退，主要是取决于停业、停工、停产的状态与程度。

我国2020年1月的后半月，尤其是以武汉封城为标志，经济开始停摆，停业、停工、停产大面积发生，估计GDP损失在5000亿元左右；2月份基本全面进入停业、停工、停产的状态，除了一些与基础性消费与社会最基本活动相关的经济活动还在艰难运转之外，整个社会经济活动基本上停摆了，估计GDP损失应该在2万亿元之多。3月份我们开始推进复业、复工、复产，全力推进经济恢复正常，虽然经过努力，基础设施建设工程、农业及一些制造业开始复工、复产，但是餐饮酒店、旅游、娱乐尤其是电影与各类演出、会议会展、培训咨询、商业与零售、交通运输尤其是航空、体育竞技、教育等产业与事业，仍然基本处于停滞状态，停业几乎涉及消费服务业、商务服务业、文化与精神服务业等整个服务业，估计GDP损失应该在1万亿元左右。

原来我们估计4月份应该使复业、复产、复工出现较大转折，经济基本上可以恢复常态，但没有想到疫情在整个世界开始暴发，尤其美欧等国极为严重，因而我国在全球化程度很高且世界产业链已经形成的条件下，经济运行受到了来自国际疫情的巨大压力，随着一些国际订单的取消及原材料与零部件供给的断供，再加之国际交往的大面积停滞，经济正常运行秩序再次被打乱，复业、复工、复产实际上又被滞后，尤其是有些国家认为疫情到6月份才能控制住，有的国家将“宅居”与放假的时间定在了5月底,因而我国完全复业、复工、复产显然要拖到第二季度结束，这说明第二季度经济秩序还难以完全正常，估计在4、5、6这三个月GDP损失还会达万亿元，最好的结局是走向正增长。

由上述分析可见，疫情能否引发经济衰退的关键，在于疫情在多长时间及多大程度上影响着经济的正常运行,停业、停工、停产的时间及程度是多少，如果我们能在最短的时间内实现复业、复工、复产，那么疫情就不会使我们的经济陷入衰退状态。

当然，疫情属于非经济因素，它所引发的经济衰退，必然会随着疫情结束而结束。疫情消失之后经济就会逐渐恢复常态，经济不会一直衰退下去的。

不过，这里要考虑疫情对经济基本面的影响。基本面包括三方面的内容，一是经济增长的动力，二是市场主体即企业，三是经济体系，包括产业链与供应链、市场状况、人力资源与人口红利、城市化与工业化进程、改革红利等。可以说，这次疫情并没有使中国经济基本面受到重大损害，经济增长动力、市场主体、经济体系都处于正常状态，因而虽然第一季度是负增长6.8%，属于经济衰退，但中长期不会如此。

2. 疫情引发金融危机的路径与条件

疫情作为影响经济正常运转的非经济因素，它与金融危机并没有必然的内在联系，但它确实有可能引发金融危机，它引发金融危机的路径与条件如下。

第一，疫情引发了停业、停工、停产，有些企业在疫情冲击下倒闭破产，这些企业如果负债率过高，必然引发金融机构的呆坏账及债券市场的兑付危机，如果整个社会呆坏账率过高与债券市场债务违约的比例过高，这种债务危机就会转化为金融危机。

第二，疫情使有些人失业或者个人财富受损过大，其要支付的房贷及车贷出现了断供，甚至抛弃正在以按揭方式购买的房子，这种个人债务风险如果在整个社会债务关系中比例过高，最终也会引发金融危机。

第三，在政府负债率已经很高的条件下，疫情又使得政府税费收入大幅度下降而抗疫费用支出增加，这些因素叠加而产生的叠加效应，会使政府出现债务风险，政府债务风险也会导致金融危机。

第四，在经济高速增长期所形成的一些以债务为基础的发展方式或者机构，如果在疫情中受到巨大的冲击，也会引发金融危机。例如，中国地方政府的不少城投公司，作为地方政府推动经济增长的抓手而存在。这些公司负债经营的基础实际上是国有土地，而国有土地的价值又取决于房地产，如果房地产因为疫情而受到冲击，那么这些城投公司的债务偿还能力就要打折扣，甚至出现债务风险，进而会引发金融风险。

第五，在房地产产业对经济增长贡献较高，而房地产又是以举债而运行的条件下，疫情如果使房地产受到巨大冲击，那么房地产的债务风险就有可能带来金融风险。据估计，现在银行贷款中的百分之二三十是贷给了房地产公司，债券市场的重头是房地产公司债券，信托的百分之五十都投向了房地产，一些有名的大地产商每家的负债大都在万亿之多，因而有人讲中国金融出现了地产化倾向。在这种条件下，如果疫情剧烈地冲击了房地产业，例如房价大跌，那么房地产的债务风险就有可能引发金融危机。

第六，股市持续暴跌，完全跌入股灾的程度。股市会从市场信心及上市公司难以为继两个方面冲击经济，在这种条件下，如果货币政策当局又推出过度宽松的救房政策，那就有可能引发金融危机。

从上述几个方面来看，似乎疫情在我国引发金融危机的可能性不大。一是疫情并没有使企业出现破产倒闭潮，政府、企业、个人债务都在可控范围之内，房地产业没有因为疫情而有太大的创伤；二是中国政府拥有巨额财力与国有资产作后盾，具有化解风险的强大能力。因此，疫情虽然给中国经济带来了压力，使政府、企业、个人困难重重，甚至在一些方面带来了风险，但是不会引发金融危机。

3. 谨慎防止经济衰退与化解金融风险

虽然疫情不会在中国造成长期经济衰退和出现金融危机，但是我们还是要谨慎应对，缩短经济衰退的时间，控制其程度，有效化解金融风险。

首先，从短期来看，要尽快推动复业、复产、复工，同时学校要尽快开学，在确保安全的条件下，让人们尽快走出疫情的阴影，不宜过度宣传什么疫情的“第二次高峰”，虽然国际疫情会影响中国，但只要严防死守出入境这个关口，就不会使中国疫情反弹，再次出现所谓疫情高峰。

其次，考虑到经济停摆了一段时间，可以在投资例如新基建等方面出台一些刺激性政策，在消费上可以向公众发一些消费券，而且使财政政策更加积极，保证货币政策在稳健的基础上加强灵活性，确保经济恢复对流动性的要求，等等。总之，在经济逐渐恢复正常的基础上，在中期内可以插一些刺激性政策。

我认为刺激政策的重点不应该是出口与消费，因为西方一些政客不断抹黑中国，“甩锅”给中国，所以出口过快增加的可能性不大，而且消费因为受人体的限制，不可能暴发式增长，因而刺激政策的重点是投资。这主要包括五个方面：一是传统基建投资，也就是“铁公机”，传统基建还有空间；二是新基建，包括信息方面的基础设施，融合类基础设施，科创类基础设施；三是都市圈建设，都市圈会拉动经济增长；四是房地产，住房不炒是对的，但就消费来讲，房地产业还是有空间的，因为进入小康后人们对房子的要求有新的变化，例如强调享受型、舒适型等；五是公共卫生投资，因为这方面我们还是短板。总之，要强化投资方面的刺激政策。

再次，从长期看，还是要加大改革的力度，一是对公共卫生体制要做深层次的改革,无论在疫情预警还是应对方面,都要深化改革，做到既能及时预警，又能有极强的防范与应对能力；二是深化社会经济体制改革，推动混合经济、市场经济、法治经济建设；三是在政治、文化、社会、生态方面继续推动改革的深化。总之，预防与化解风险的关键是在于提高整个社会的免疫力。

八、应对疫情与国际合作

我国在新冠肺炎疫情暴发后，及时向世卫组织及世界各国通报了疫情的相关情况及数据，向全世界预警；同时，随着疫情的推进，我国又根据中国的抗疫实践，总结出阻断病毒传播的方法及治疗感染者的配方与程序，将这些中国以血的代价而总结出的经验传递给世卫组织及全世界；而且，中国尽自己最大可能地在抗疫物资上支援别的国家，包括抗疫急需的口罩、防护服、呼吸机等，尤其是派出专家组到疫情严重的国家帮助抗疫。应该说，中国尽到了抗疫的国际合作的应有责任，显示了一个负责任大国的情怀。

但是，中国的这种努力却并未引起一些国家对抗疫的应有重视，错过了抗疫的最佳时期与窗口，从而浪费了抗疫的大好时机。在中国疫情暴发后，一些国家的政要说什么新型冠状病毒并不可怕，不用防范，顺其自然，病毒死人的状况要比流感与交通事故少多了；一些国家的政要竟然讲什么“群体免疫力”，认为病毒感染到一定比例的人群，就会自行形成群体免疫力，不用专门去抗疫；一些国家的政要强调人权与自由，认为戴不戴口罩是公众自身的自由，不能强制，不能无视人权与自由，拒绝要求人们戴口罩；一些国家的封城不到位，聚会及户外活动照常进行，仍然使病毒在到处传播；甚至有人宣扬种族主义，认为新型冠状病毒是有色人种的产物，白种人不会感染，不会引发死亡的，等等。

但是，病毒的传播并不受国界与种族的限制，不是按照一些人的意志为转移的，很快接二连三在欧洲及美国暴发，并迅速传播，一下子使许多国家陷入疫情的灾难之中。这时，一些国家的政要惊慌失措，手忙脚乱，不惜将自己的过失“甩锅”给中国，甚至要中国为他们的过错负责，为他们的损失埋单与赔偿。他们的理由有二：一是新型冠状病毒是中国病毒，中国病毒侵害了他们，所以中国应该赔偿；二是中国隐瞒了疫情，未及时公布疫情的真实情况，因而使他们没有认识病毒的危害性，延误了抗疫的工作。这些政要们异想天开地对中国开出千万亿的赔偿额度与罚单，无知又可笑。

新型冠状病毒疫情虽然在中国首先暴发，但对于它究竟是来自于自然界，还是来自某个国家，科学家们并未取得共识，还需要科学家的探索与结论，怎么能给新型冠状病毒冠以中国的名字？而且这也不符合世卫组织关于传染性病毒不能归结于种族或者国家的基本原则。至于中国隐瞒疫情，更是不值一驳。中国及时向世卫组织及全世界通报疫情是有据可查的，中国 1 月 23 日破天荒地对千万级人的武汉“封城”，在全国推动全民抗疫，动作之大，前所未有，在这样一个信息高度发达的社会，难道全世界都看不到中国在全国性大张旗鼓地抗疫，中国怎么隐瞒，隐瞒了什么？

很显然，一些国家的政要为了将自己的失误甩锅给中国，但是，他们的所谓理由实在站不住脚，不值一驳。但是，在这次对抗全球性的传染病的国际合作中，我们也需要总结一些规律性的经验与教训，从而防患于未然。

第一，面对全球性的公共卫生事件，需要世卫组织这样的公平公正的国际性权威机构的领导与协调，任何国家都不能自私自利，不听招呼，更不能另搞一套，破坏抗疫的大局，否则，对人类将是一场灾难。我们要继续支持世卫组织的领导与协调。

第二，中国作为负责任的大国，应该坚持人类命运共同体的准则，无私地帮助别的国家抗疫，但中国必须坚持力所能及的原则，坚持国际准则及市场化原则，不搞超越自身能力的恩赐性援助，否则，将有损于中国利益甚至培养一些“白眼狼”，反咬中国一口，这些教训我们一定要记取。

第三，中国作为负责任的大国，确实要有与人为善的胸怀，但对于敢于抹黑中国的观点与言论，要坚决予以揭露与批判，对一些具有政坛恶棍性质的所谓政客，绝不能留有情面，对于那些竟然要中国赔偿他们疫情损失的国家与政客，绝不能容忍，要一斗到底。我们应该在全世界范围以科学为依据揭露他们的真正面目，可以运用各种国际准则的手段及外交手段。

第四，中国要真实地公布我们为了抗疫而付出的巨大牺牲，不要过多地宣传抗疫成就，宣传成就对鼓舞士气有用，可以增强人们的信心，但如果不全面地公布我们在抗疫过程中遇到的各种困难，不公布人民为了抗疫所付出的巨大牺牲，往往会成为某些别有用心的政客攻击我们隐瞒疫情的口实。我们应该将困难、损失与成就一起公告，不能报喜不报忧。

第五，在这次抗疫的国际合作中，一些国家及一些政要，通过抹黑中国而煽动民族主义与民粹主义和孤立主义，公开反对全球化，这对我国的开放必将会带来一些新的困难，对此我们要有清醒的认识，我们应该尽力推动国际交往与国际贸易，保持全世界的正常流动秩序。

我们应该更好地发挥在世界市场与世界产业链上的优势，这次疫情后，要更加注重发挥我们在这方面的作用，最终世界交往是在利益引导下进行的，而不是在某些虚幻的意识下进行的，我们应该以互利为原则，推动人类命运共同体的理念，从而实现更好的开放。

西方一些政客抹黑中国的行为，在短期内会给我国的国际贸易及国际交流带来一些困难，但中长期不会影响我国的全球化进程，因为全球化背后是利益导向，只要与中国的贸易及国际交往能给他国带来利益，那么全球化趋向就不会逆转。中国现在在产业链及供应链上具有优势，只要中国能生产出世界所需要而且便宜的产品，那么各国与中国的贸易就不会中断。同时，中国现在是世界最大的单体市场，只要中国继续开放物质产品市场、服务业市场、投资市场，那么市场红利会吸引人们同中国开展贸易与交往。尤其是中国是一个服务贸易的需求大国，每年在留学生费用、出国旅游费用、专利与技术引进费用等方面的支付上是一个天文数字，世界上没有一个国家愿意与中国脱钩，中国的国际贸易及国际交往不会因为有西方政客抹黑而中止，仍然会持续发展的。

九、为什么说疫情会影响与改变世界

我对新冠病毒肺炎疫情的认识，是逐渐深化的。一开始对新冠肺炎疫情对世界影响的认识并不深刻，甚至对疫情将影响与改变世界的说法并不认同。但现在我已经深刻地认识到，新冠肺炎疫情确实影响并改变着世界。

1. 人们对东西方世界抗击疫情的能力与战略有了重新的认识

应该说，西方世界，尤其是美英等发达国家，历来都号称在医疗卫生方面有极强的能力与雄厚的物质基础，但这次在抗击新冠病毒肺炎中却表现得一塌糊涂，死亡人数最多。到4月12日，人口仅占世界人口4.2%的美国确诊人数占世界确诊人数的29%，死亡人数占世界死亡人数的17%，这组数字后来不断被刷新。这次疫情首先在中国暴发，中国为世界发出大流行预警，并为西方国家抗击疫情最起码赢得了2个多月的时间，但西方世界却表现得极为不好，并没有显现出自身在公共卫生事件方面的体制与物质优势。中国作为首先受疫情冲击的发展中国家，却取得了明显好于西方世界的成绩，要不然留学生们怎么会千方百计地选择回国呢？当然，我们作为首先受疫情冲击的国家，也有一些教训可以总结，但总体来讲，我们抗击疫情是成功的。虽然有些西方政客攻击中国的封城、强化社区管理、监控人员流动等举措是所谓的无视人权与自由，但实践表明，这些举措恰恰对阻隔病毒具有极好的作用。因此，人们在实践中认识到并不是西方体制完全优于中国模式，西方神话开始瓦解，尤其从西方政客在抗疫中的失误与言行而对西方所谓民主体制有了怀疑。应该说，疫情使人们对东西方体制有了新的不同的认识，月亮都是外国的圆的“神话”开始崩塌。

年轻人开始对西方体制的怀疑，是这次疫情带来的重要结果。当然，我们也不能沾沾自喜，忘乎所以，以此宣扬感恩戴德，而是要通过这次疫情认真总结经验教训，推动公共卫生方面的体制改革，在公共卫生事件预警及物质基础构建等方面要不断完善，并以此为契机，推动整个社会治理体制的改革与完善。

2. 世界经济格局将发生重大变化

新冠疫情几乎逼停了所有国家的经济活动，停业、停工、停产、停学，从而影响到所有国家的经济增长乃至金融体制的安全，因而随着疫情结束，不同国家的复业、复工、复产、复学的战略举措，必将影响到所有国家的经济增长与金融体制，甚至一些发达国家因为战略失误而出现经济衰退与金融危机，而一些发展中国家可能因为战略得当而快速实现经济增长并化解金融风险，从而使世界经济版图发生变动。可以说，疫情将改革世界经济格局。

中国在疫情得到控制后，千方百计地尽快复业、复工、复产、复学，使社会经济走向正常，我们首先是复工与复产，然后是复业与复学，这是对的，大致上在5、6月份基本上能全面实现复业、复工、复产、复学，6月份就可以使经济步入正轨。中国经济本身没有出现衰退的趋势，只是因为疫情逼停了整个经济运转，因而只要复业、复工、复产、复学，使经济步入正轨，中国经济就会仍然保持增长的势头。虽然2020年增长会下滑较多，但2021年中国经济会重回较快增长的通道。

中国经济的较快恢复及其作为增长较快的国家，必然引起国际资本大量进入，只要中国开放政策得当，必将改变目前世界资金的流向，中国成为人们看好的投资国度。世界资本版图将做重要调整，确实会形成百年不遇之大变局。

3. 全球化遇阻并进入新阶段

在这次抗击疫情的过程中，西方一些发达国家的政客将自身的战略失误及体制缺陷“甩锅”给中国，指责中国是病毒的制造者，指责中国没有公开透明地报告疫情，因为中国而导致西方国家发生病毒并使抗疫失误。他们利用媒体以各种方式抹黑中国，从而煽动孤立主义、民族主义、民粹主义，反对全球化的趋势。我估计，这场疫情会使全球化遇到更大的困难，国际贸易及人际流动都会受阻，有的经济机构估计2020年国际贸易会下降百分之十几甚至三分之一，因此，疫情使全球化变得更加困难。

在全球化的新困难面前，中国要以人类命运共同体为理念，以自身优势打破可能出现的僵局。

第一，充分发挥自身在制造业上的优势，将制造业大国转变为制造业强国，在制造业门类齐全、规模较大的基础上，尽快补短板、解决在材料、数控机床、信息硬件、医药、航空等方面的技术滞后问题，做强制造业。我想，只要中国能生产出别人需要但又不能生产的产品，而且质优价低，中国产品就不可能在国际上无人购买，就不可能不走向世界，国际贸易就不会萎缩。

第二，充分释放市场大国的能量，只要中国市场全方位开放，物质产品市场及服务业市场、投资市场全方位开放，形成庞大的市场需求，那么在巨大的利益引导下，国外的产品与服务以及资本就不会不流向中国，国际贸易就不会不增加。国际贸易历来都不是由某种价值理念决定的，而是由市场导向所决定的。中国作为市场大国，对世界的产品、服务、投资，都有着巨大的吸引力，国际贸易不会因为某些政客的意愿而停滞。

第三，充分发挥中国在人际交流中的重要作用，推动国际交往的深化与发展。中国实际上是服务贸易的最大需求国，例如仅留学生目前就达到 160 万之多，试想，每年将为西方发达国家提供多少学费及消费收入；又例如，中国是出国旅游人数最多的国家，而且仍处于较快上升的阶段，每年将为国际上提供大量的旅游收入；再例如，中国是技术及知识产权的需求大国，每年为西方发达国家支付了巨大的技术与知识产权费用，等等。应该说，中国是决定国际交往状况的重要因素，只要中国不搞闭关锁国，世界就不会出现国际交往与人际交流的停滞。

总之，中国应该以人类命运共同体为理念，以利益为导向，充分释放利益的吸引力，继续推动国际贸易与人际交流，使全球化进入一个新的阶段，即中国在其中起更大作用的阶段，从而实现中国在开放中完成现代化的目标。

4. 世界货币秩序将发生重大变化

二战后世界逐渐形成了以美元为基础的世界货币体系，这是以美国的经济实力、科技、军事等为强大基础的。但是近几年随着美国经济日益暴露出的问题，以及美国债务高企不下，再加之石油美元体系因为各种原因不断弱化，所以以美元为基础的世界货币体系开始松动，而这次新冠肺炎疫情因为美国在战略上的失误，而对美国经济的冲击巨大，使得美元体系实际上开始动摇了。

在这次应对疫情的过程中，美国对于疫情而引发的停业、停工、停产的最主要办法，是美联储不断降低央行利率，并大量投放流动性，甚至提出要求持有美债的国家用债务换美元。美国因为应对疫情而大量投放美元的办法，使人们对美元的信用度开始担忧。大家知道，美元作为流动性对企业抗击疫情确实有作用，但美元也是财富的主要形式，是财富的标志，美联储如此放水，也就标志着人们手中的财富要打折扣了，不值钱了，美元要“毛”了。这次疫情美国大规模放水的行为，使得美国的信用受到巨大冲击。美元作为美国信用度的标志，人们越来越对美国的信用状况显示出担忧。以美元为基础的世界货币秩序受到了巨大挑战，不少国家，包括发达国家，都在想法摆脱美元体系对自己利益的损害。

我国是持有美债较多的国家之一，而且是石油的主要消费国与进口国，因而需要重视美元在这次疫情中的过度放水，适当调整自身的外汇储备体系，同时充分发挥上海石油期货交易所的功能，逐渐摆脱在国际交往及贸易中对美元的过度依赖，防止美元体系对中国经济的影响。

十、抗疫政策的后遗症问题

在疫情导致停业、停产、停工、停学的条件下，为了重启社会经济活动，推动社会经济秩序正常化，基本上各国都选择了释放流动性的货币政策，更为积极的财政政策，以及强化抗疫产品生产的产业政策，这是正确的。但我们应该认识到，这些宏观经济政策实际上都打破了常规，因而当疫情结束，社会经济秩序走向正轨后，就要及时解决这些宏观经济政策的后遗症。

1. 货币政策问题

我国在疫情暴发后，虽然一直强调实行稳健的货币政策，但实际上还是为市场提供了更多的流动性。例如考虑到复业、复工、复产中小企业的困难较大，而为中小企业提供金融服务的主要是中小金融机构，所以为中小金融机构增加了 1 万亿元的再贷款与再贴现，为中小金融机构降准释放 4000 亿元流动性，发行金融债券释放流动性 3000 亿元，到 2020 年 4 月份总计增加了 1.7 万亿的流动性。

为企业释放流动性，对抗疫是有作用的，但也打破了货币的正常运行秩序，例如，货币政策应该保持 M2 增长速度与 GDP 增长速度的大致协调，2019 年中国 GDP 增长 6.2% 左右，M2 增长速度保持在 8.2% 左右，但 2020 年 1 到 3 月份 M2 增长速度分别为 8.7%，8.8%、10.1%，而 GDP 增长速度 1 到 3 月份却是负的 6.8%，显然极不协调。同时，通胀压力随之上升，例如 3 月份 CPI 增长率为 4.3%，而同期银行一年期存款利率只有 2.8%，钱似乎有些“毛”了。

尤其是中小金融机构的流动性都流向了中小企业，若这些中小企业中的一部分未能顺利地走出疫情，出现了破产倒闭，那就必然增加中小金融机构的呆坏账率，甚至使某些中小金融机构面临破产倒闭的压力。

因此，中小金融机构在释放流动性，促进中小企业复工、复产、复业的过程中，也要注意资金安全性问题，不能无原则地随便乱放款，要坚持科学放贷，对资金安全性要慎之又慎。同时，随着疫情的逐渐结束，货币政策也要逐渐转向常规性，逐渐让 M2 增长速度与 GDP 增长速度回归常态，让货币的三大形态趋于协调，即财富表现形式、国家信用、企业流动性这三大功能实现协调，不能随意损害某种功能。

2. 财政政策问题

抗疫中的财政政策确实要更加积极，例如提高赤字率，增加专项债、特种债的数量，这是正确的，对复业、复工、复产有重大意义，但大家注意，债是要还的，我们应该注重还债的问题。我们经过 2017、2018、2019 年三年的艰苦努力，好不容易稳住了宏观债务，因而不能因为抗疫而又过度增加宏观债务的压力，必须要协调好抗疫与宏观债务的关系。

第一，政府债虽然以国家信用为基础，原则上讲并无风险问题，但对某些地方政府的政府债还是要控制的，尤其是过去债务过高的地方政府债，要特别注意，防止地方政府从地区利益出发借抗疫之机乱发债。对于一些由国有企业及城投公司发的专项债要更加关注，因为这种债在某种意义上是商业信用，不是政府信用，更要注意作为债务抵押物的资产质量与数量，以及担保者的真实能力，防止到时出现债务兑付问题。总之，要夯实债务的偿还基础。

第二，为了在抗疫中实现复业、复工、复产而发行的专项债或者特种债，其投向应该是有明确规定的，应该重点投向公共产品及民生方面，原则上不投入企业经营活动，因而在实践中要把握好债务资金的投向，切不可乱投，出现投向上的失误，使积极财政政策不能有效发生作用。

第三，赤字率的确定应该兼顾当前与长远，不能因为目前疫情使经济下滑压力太大而过度提高赤字率，而且在复工、复产、复业之后，要使赤字率逐渐降下来，使其能与宏观经济规律相吻合。人类社会经济实践表明，赤字率是有约束条件的，不能人为地任意提高，在特殊时期可以提高赤字率，但必须尊重经济规律，使赤字率符合常规经济运行的要求。

3. 产业政策问题

在抗疫过程中，在产业政策导向上非常注重口罩、防护服、护目镜、测试盒、呼吸机、某些中成药等抗疫产品的生产，推动这些产品的生产能力的扩张，这是应该的。但这些生产能力在扩张中要注重市场需求，尤其是疫情过后，市场需求将大幅度萎缩，可能会导致生产能力的闲置，因而相关企业要注重扩张度，而且要考虑生产的转向问题，最大限度地节约资源，防止资源浪费。

同时，在生产抗疫产品的过程中，也暴露了我国产业上的一些缺陷，因而要考虑补短板的问题。例如呼吸机的生产，呼吸机的核心部件我们生产不出来，需要从国外进口，这暴露了我们在材料及技术方面的缺陷，我们应该通过这次抗疫而补短板。又例如，在口罩生产问题上、核酸检测盒等问题上，国际上一些国家对产品质量提出了一些意见，这虽然有误解及操作上的问题，但实际上也有一个质量如何提高的问题，我们需要在技术上创新与补短板。再例如，这次疫情我们发现中国产业链有一个重大缺陷，就是没有形成强大的产业集群，产业链分散在不同区域，由于疫情对不同地区影响不同，因而产业链上下游出现脱节，难以有效组织生产。总之，要在疫情中发现我们在产业政策上的不足，以便于改革。

十一、新冠肺炎病毒改变了人们的哪些认知

新冠肺炎病毒确实改变了世界，也改变了人们的不少认知。

第一，西方发达国家经济力量雄厚，号称医疗体系及资源很强大，但没有想到在新冠肺炎病毒面前不堪一击，败下阵来，例如到 4 月 11 日为止，只占有世界人口 4.25% 的美国，新冠病毒确诊者却占世界确诊人数的 29%，新冠肺炎死亡人数竟占世界新冠死亡人数的 17%，这就使得人们对发达国家

的公共卫生体制发生了怀疑，进而对其经济体制发生了怀疑，怀疑其经济体制是否具有较高的抗风险能力，会不会因为某种风险冲击而崩塌。

第二，西方媒体历来认为自己尊重事实，以公正的化身自居，但这次对新冠肺炎疫情的报道，却罔顾事实，想方设法抹黑中国，人们开始怀疑西方媒体的所谓公正性及真实性。

第三，西方国家领导人及一些政客在抗疫上的战略失误及“甩锅”中国的行为，使人们对他们的品格发生了怀疑，而他们又是西方这套政治体制所选择出来的，从而人们对西方政治体制发生了怀疑。

第四，面对新冠病毒肺炎这种大流行病，中国实行了封城，严格社区管理，强制性戴口罩，阻止人员聚集，居家隔离或集中隔离等措施，这些严厉举措有效阻隔了病毒，但结果却受到西方一些人的指责，认为中国侵犯人权，限制人身自由，没有人性，是一个缺乏人权与自由的国家。这种指责使人们对西方所谓的人权与自由开始有所怀疑。

第五，疫情在西方发生后，几乎所有西方国家都是自顾自，无人相互支持与帮助，即使是意大利这样的欧盟国家，也未受到欧盟别的国家的帮助。几乎整个西方世界看不到国际主义。当中国在疫情缓解后对一些国家提供力所能及的帮助时，有的西方国家竟然指责中国是借疫情增强自己在世界的影响力，这些使得我们对西方的三观有所怀疑。

当然，疫情也同时使人们有了一些新的认知。

第一，病毒对人类社会的攻击，从来不分国家与族群，在病毒面前没有所谓强大国家与优等民族的问题，所以全世界只有团结起来，共同抗击流行性病毒，在这方面，世界命运共同体理念再次得到充分验证。例如到 4 月份，病毒已经入侵 211 个国家与地区，感染了 170 万人，因此，我们应该国家不分穷富，群族不分大小，共同协调，才能有效阻止病毒的扩散，实现人类的生命安全。

第二，在人类的发展中，政治与经济体制没有终极目标与范式，都需要随着社会生产力的发展而不断变革，而且任何国家都有根据本国自身的特点选择政治与经济体制的权力，任何人不能将自身的体制作为范式而攻击与抹黑别人。例如，中国兼顾国有经济与民营经济的各自特点与优势，既能发挥国有经济集中力量办大事的长处，又能充分调动民间发展经济的积极性，因而在这次抗击新冠肺炎中能集中配置全国力量，支持武汉疫区，支持武汉及湖北的医护人员达到近4万人以上，很快遏制了病毒的传播。再例如，中国既强调构建良好的社会福利体制，但也重视引导家庭及个人的储蓄与积累财富的趋向，因而在这次抗击新冠病毒肺炎中，中国家庭及个人似乎可以维系较长时期的停业、停工、停产状态，不像那些单纯依靠社会福利体制的国家，几乎停业、停工、停产一个月，就要申请失业救济金。一旦没有收入，家庭及个人财富几乎支撑不了几天。因此，中国这种体制似乎对于公共卫生事件有持续的耐力，韧性极强。总之，政治与经济体制需要不断变革，没有终极模式。

第三，媒体必须尊重事实，在以事实为准绳的基础上，发挥监督与引导的功能，既要对社会中的缺陷与失误进行揭露与批评，又要注重引导社会舆论趋向，不能单纯地以揭露为方向，更不能以抹黑为主要目标。媒体灵魂在于独立与公正，而不是为某些人辩护而抹黑别的人。媒体一旦失去公正性，就会失去信用与信赖，就会自取灭亡。

第四，政治家必须要有责任担当，对自身的失误要坦诚，千万不能“甩锅”给别人，更不能狡辩，这样会丧失人心的。政治家的目标是为人民服务，在抗击疫情中首先要以人民的生命安全为第一要务，不能不顾人民的性命而为资本服务。

对于自身的成就，不能作为要求人民感恩戴德的依据；对于自身的失误，更要有自我批评与担当。实际上，重大公共卫生事件是最能考验政治家的品质与能力的,人民心里有杆秤，人心向背，其实都是由政治家的行为所决定的，一个人是政治精英还是政客，只有人民才能下定语。

第五，面对个人自由与公众利益，尤其是在像新冠肺炎这种疫情面前，个人自由当然要以大局为重，必须遵守社会纪律与秩序，抹黑抗疫的管制举措而强调自身人权与自由，实际上是自私自利，是极端的利己主义，不是什么人权与自由问题。我甚为震惊的是，一些刚刚在西方学习了几天的留学生，回国被隔离时竟然也大讲人权与自由，竟然无视社会纪律与秩序。看来，人们要重塑人权与自由的概念，人权是以尊重公共权力为前提，自由是以社会规定为基础，不能离开公众及全局而妄谈人权与自由，否则，就会以自身的人权与自由侵犯了别人的人权与自由,这不是真正的人权与自由。

十二、新冠肺炎病毒的重要启示

面对新冠肺炎病毒，人们在没有找到对抗病毒的疫苗及特效药的情况下，实际上只能有两种方式来同病毒相对抗。

第一，隔离，阻止病毒的传播与扩散，例如要求人们减少外出与聚集，戴口罩，甚至穿防护服与护目镜等。隔离的极端方式就是封城，加强小区管理，中断人际交往及国际交流，有的国家甚至会宣布进入紧急状态或者灾难状态，有的国家会宣布进入公共卫生事件一级响应等。隔离能否奏效，首先取决于隔离的严肃性与公众的自觉纪律性，如果隔离流于形式，人们没有遵守隔离举措的纪律自觉性，那么隔离就难以奏效。在这次抗疫中，不同国家及族群的纪律自觉性程度，直接影响着抗疫的效果。

第二，以综合性治疗方式提升人们的免疫能力，例如利用呼吸机等设备及各种抗病毒药物，因为没有特效药杀死病毒，所以只能靠增强个体免疫力来对抗病毒，这实际上是依靠个人的自然免疫力，如果个体免疫力强，就会抗击病毒而保全生命；如果个体免疫力差，就会丧失生命，这也是为什么患者中死亡率较高的是老人及患有其他基础性疾病的群体，在某种意义上讲，真是有点听天由命的无奈悲情。

因此，新冠肺炎疫情对社会经济的冲击，主要表现在两个方面。

第一，逼停了整个社会经济运行，停业、停工、停产、停学，因而社会承受疫情的能力，首先取决于在停业、停工、停产、停学的条件下，人们能否保证最基本生活的持续，而且能持续多久。持续的时间越久，就表明抗击疫情的能力越强。

第二，新冠肺炎病毒夺取了人们的生命，造成了家庭乃至整个社会的悲剧。如果支撑一个家庭生活的主要成员死亡，那么这个家庭的生活就会陷入困境甚至难以维系，而且任何一个家庭成员的离世都会给家庭的正常生活蒙上阴影。当然，一个国家的死亡率过高，甚至会影响到这个国家的劳动力供给，从总体上会影响这个国家的经济增长。

由上述可见，我们抗击新冠肺炎疫情这类公共卫生事件，最起码要做到以下几点。

第一，提高整个社会成员内在的遵守纪律的自觉性，不能崇尚所谓的极端个人自由。自由与人权的基础是遵守社会公共秩序，不能将自身的人权与自由建立在对别人的人权与自由的损害上。任何人都要有大局意识，无大局意识的个人自由与人权，其实就是极端个人主义，是自私自利的表现。社会私德要建立在公德的基础上，社会上实际没有绝对的人权与自由，人权与自由都是建立在一定的社会秩序基础上的。

第二，社会成员必须要提升健康水平，只有健康才能增强自身的免疫力，对抗病毒。在这方面人们需要形成健康的生活方式，整个社会要将健康作为重要的社会目标，围绕健康而形成良好的社会健康产业及健康保障体系。

第三，增强社会在疫情方面的韧性与耐力。在这方面有两种模式，一是美国模式，也就是人们一工作就参加养老保障基金，并进入诸如医疗保险等各种商业保障基金，而且经常使用房贷、信用卡等债务性财务工具，家庭及个人几乎没有储蓄与财富积累，基本都是月光族，因而这种模式对风险的防范完全靠社会保障制度，个人防风险的韧力与耐力都很弱，一旦停止工作，生活就维持不了几天。二是中国模式，这种模式虽然也强调完善社会保障制度，但人们往往很注重家庭储蓄及个人财富积累，在消费上比较保守，一般对过大债务有恐惧感，因而家庭及个人负债都较低，这种模式表现为家庭及个人对风险的韧性与耐力都很强，即便是不工作，基本生活在较长时间内也没有问题。由此可见，在这方面不能将美国模式作为我们的改革目标，还是要看到中国模式的优点，考虑民族性格与特点。

第四，构造良好公共卫生体制，强化应对非经济因素所引发的经济风险的能力。人们对于经济因素所引发的经济衰退及金融危机，似乎更为关注，而且也形成了一些良好的应对工具及方法，但对于非经济因素，例如疫情所引起的经济风险，似乎关注不够。实际上，这次新冠肺炎疫情逼停了经济正常运转，停工、停产、停业、停学所带来的经济及社会危害，要远远大于经济因素所引发的经济衰退与金融危机。因此，必须推动公共卫生体制的完善，强化这方面的社会治理。

十三、对美国在抗疫中的有关宏观经济政策的分析

美国在应对这次新冠肺炎疫情中，出台了一些经济方面的举措，其中最值得关注的有这样几个。

第一，尽全力救股市，保障股市的稳定与活跃。可以说，股市的稳定与活跃，几乎是美国在抗疫中的经济政策的重中之重。美国为什么这样做？原因有四。

一是美国是一个以直接融资为主的国家，股市直接影响着所有企业的流动性，如果股市暴跌，几乎所有企业都难以正常运转。

二是股市是美国社会保障体系的基础，美国养老基金及

各种有关社会保险的保险基金，基本上都在股市之中，若股市暴跌，将会严重冲击美国的整个社会保障体系。

三是股市是美国作为世界金融中心的载体，美国股市吸引全球企业在美国上市，如果股市暴跌，那么就无法吸引全球企业在美国上市，这不仅影响美国的税收收入，而且将使美国金融资本失去大量的投资机会，美国无法获得金融资本收益，而金融资本收益恰恰是美国国民收入的最主要来源。

四是股市是美元作为世界货币运作的主要通道与路径，如果股市暴跌，全世界投资者就不会进入美国股市投资，那么世界对美元的需求就会大量减少，美元流向世界的路径就被堵塞，使美元作为世界货币的地位发生动摇。

正因为股市对美国有如此重要的地位，所以美国在应对新冠肺炎疫情中极力救市，其救市的最主要方式是实行无限量化的货币政策，向市场释放巨大的流动性。美国的这种救市方式是一种损人利己的举措，一方面它使世界流通中的美元贬值，倒逼别国货币升值，从而不利于出口国的出口；另一方面，它使美债持有国的美债贬值，损害了美债持有国的利益。当然，其后果必然扰乱了世界货币秩序。美元的无限宽松供给，其最终结果是损害了美国的国家信用。

第二，美国不顾及疫情的严重性，急于开工与恢复经济，表现出资本利益高于公众性命安全的状态。美国为何这样做？

一是因为美国家庭及个人几乎没有储蓄，自身抗风险能力很弱，全部依赖于社会保障体系，如果经济长期停摆，美国社会保障体系压力就会很大，无法承受甚至崩溃。

二是因为美国公众一些重大消费活动是建立在债务基础上的，信用卡持有者很多，而且信用卡的赤字率很高，例如房贷的比例就很高，如果经济长期停摆，人们因为收入减少而无法还贷，就会出现大量债务违约，直接冲击美国众多的债务链，例如房贷如果违约数量过大，会加大金融风险的压力，甚至带来金融危机。

三是美国国家债务已经很高，甚至超过了 GDP 总量，如果经济长期停摆，就会影响政府收入，使已经过高的政府债务雪上加霜，难以为继，出现国家债务风险。

因此，美国政要非常急于开工，恢复经济，甚至不顾及疫情的压力，显示出资本利益高于公众性命安全的状态，导致公众的极度不满。

第三，美国量化宽松的货币政策以各种债务为出口，从而加大了美国国家债务风险与各种金融债务风险，原因如下。

一是美联储无限供给货币的重要路径是购买美国国债，这使得持有美国国债的国家及各种经济主体增加了美元贬值的风险。

二是美联储无限提供货币的重要路径是购买金融债券，这使得与美国金融活动联系密切的各种经济主体的债务风险加大。

总之，美国抗疫的政策使得已经风险压力很大的国家债务风险及金融债务风险压力更大，因而美国是将自身利益建立在损害别人利益的基础上的，这就决定了我们应该关注美国抗疫的宏观经济政策后果，要有清晰的应对思路才行。这次疫情确实使已经出现的世界经济格局变化的趋势加快了。

十四、疫情中对货币政策的再思考

美国暴发新冠肺炎疫情之后，为了抗疫及尽快重启美国经济，美联储在短短的一个月内，连续向市场投放了近6万亿美元，这样就使得人们担心，如此人的美元投放，会不会引发美元贬值？作为世界货币的美元如果贬值，会不会引发美元与其他货币的相互价值关系混乱，从而引发世界货币秩序的混乱，甚至引发金融危机？

为了理清楚人们的这些担心，在此有必要对现有世界货币制度做一些分析和探讨。

大家知道，自从金本位退出历史舞台之后，世界货币体系从金本位逐渐转向了信用本位。所谓信用本位，就是主权国家根据自己的主权信用，即国家信用而发行货币，例如美国是美元，日本是日元，中国是人民币，英国是英镑，等等。当然，这种所谓国家主权信用，是建立在经济实力、科技水平等基础上的，一个国家经济越发达，科技水平越高，其货币的信用度就越高，就越会被市场认可。

在信用本位体制下，货币实际上拥有三大功能。

第一，货币是财富的主要表现形式，例如说有的人是百万富翁、千万富翁、亿万富翁等，而且实物财富也以货币来计量与交易，例如讲一个房产值 500 万、1000 万等，因此，货币实际上是财富的主要表现形式。

正因为货币是财富的主要表现形式，因此，人们的财富越增加，货币的需要量就越大；同时，货币的币值必须稳定，如果货币贬值，人们的财富就会缩水，等于侵吞人们的已有财富，所以，财富状况取决于货币的币值稳定程度，绝不能冲击人们的已有财富。

第二，货币是企业经营活动的“流动性”，企业要雇佣劳动力，要购买设备、原材料及各种生产要素，都需要货币，没有货币，企业的任何经营活动都无法进行。

正因为货币是企业经营活动的流动性，因而企业经营规模越大，对货币的需求就越大，货币供给受制于企业的经营规模。当然，货币的币值必须稳定，企业经营活动也有赖于币值的稳定，否则，企业经营秩序就会被打乱，尤其是损害人们的经营信心与信用。

第三，货币是一个国家信用度的标志，一个国家信用度越高，那么它的货币的信用度就越高，其市场使用范围就越大；反之，则相反，因而一个国家货币成为世界货币的重要基础是国家信用状况。

正因为货币是一个国家的信用度的标志，因而一个国家的货币币值必须保持稳定。如果货币贬值，当然这个国家的信用度就会降低。币值与国家信用度是相辅相成的，币值稳定是一个国家信用的基础。

货币的上述三大功能的实现，涉及多方面的因素，其中最主要的因素是货币的币值稳定。

货币的币值如何稳定？最重要的是货币供给与货币需求

的关系必须保持平衡，如果货币供给太大，远远超过需求，那么货币就会贬值；反之，则相反。

如何保持货币供求关系的平衡，也就是货币供给适应货币需求？货币政策操作的重点在哪里？人类社会总结出了一个基本的规则，这就是货币供给要建立在财富与企业流动性的基础上，货币作为财富的主要表现形式与企业经营活动的流动性，其供给必须要满足这两方面的需求。

由于财富与企业经营流动性在现实中表现为一个国家的GDP，因而货币供给要与一个国家的GDP相适应，也就是货币供给速度要与GDP增长速度相适应。如果考虑到通胀问题，即供给短缺引发的价格上涨，那么一个国家的货币供给速度就是要与一个国家的名义GDP增长速度相适应，名义GDP就是通胀率加上实际GDP增长速度。

在一个国家的货币是世界货币的条件下，那么这个国家的货币供给就还要考虑世界市场对货币的需求，因而货币供给增长速度除了要与本国名义GDP增长速度相适应之外，还要考虑世界市场对自身货币的需求，也就是世界经济增长对自身货币的需求。

应该说，在货币政策的操作上，必须遵守上述规则。

如果无视上述规则，那就必然破坏货币的正常秩序，进而影响到整个经济的运行，甚至会引发经济危机及金融危机。因此，我认为，在疫情结束之后，各国货币政策必须回归常态，切不可将疫情所引发的非常态当作货币政策的常态，而且要逐渐消化疫情期间对货币政策的过度使用所带来的负面效应。

在货币政策问题上，有一个重要问题需要探讨，这就是负利率问题。所谓负利率，就是货币放在银行不仅没有利息，甚至还要向银行交保管费。实行负利率的主要原因，是为了刺激经济，让货币这个要素的成本降低到几乎是零，从而刺激经济。这个政策实际上就是为了现在经济发展而使原有积累的货币财富不增值甚至贬值。如果没有通胀问题，原有财富还可以保值；如果有通胀，那么原有货币财富就会贬值，因而这种政策是对现有经济负责，而对历史不负责。这种政策在西方似乎还有存在的空间，因为西方人没有货币储蓄的习惯，但在中国似乎绝对行不通。第一，中国人长期保持着货币储蓄的习惯，甚至将它作为自身防范风险的主要工具，如果自身的货币财富不增值甚至贬值，那就会动摇人们的信心，甚至出现不必要的恐慌；第二，货币政策虽然要保持货币发行与经济增长之间的平衡关系，但通胀似乎难以避免，因而货币财富持有者的财富实际上会贬值与缩水，这对货币这种财富的持有者实际上是一种剥夺，不符合社会的最根本原则，即公平原则，有损于社会经济发展，因而负利率政策在道义上是不公正的。

十五、中国经济衰退只是短期衰退

经济增长情况不好的时候，有两种表述：一个是经济增长速度放慢，也就是经济增长仍然是正增长，只是速度放慢了，例如过去是 8% 左右的增长，而现在是 5% 左右的增长；另一个是经济衰退，即经济增长是负数，出现了负增长。

我国因为新冠肺炎疫情，经济增长在 2020 年第一季度是负 6.8%，属于经济衰退。这是中国改革开放以来首次出现经济衰退。有人对此较为担忧，这是正常反应。

一个 40 多年高速增长的国家，一下子出现经济衰退，确实让人感到不安。

但是，中国这次出现经济衰退只是短时期的，估计就一个季度。因为这次衰退不是经济原因引起的，不是经济本身出现了问题，而是因新冠肺炎疫情逼停了经济活动，在经济停摆的条件下，出现衰退是必然的。然而，一旦疫情解除，经济开始复业、复工、复产，增长就会重启，因为中国经济增长的基本面没有因为疫情而改变，并没有出现因为经济因素而出现的经济衰退。

第一，疫情逼停了经济，停业、停工、停产，人们几个月不仅收入减少甚至没有收入，而且还要维持基本生活，有的人甚至还要还房贷、车贷及交纳各种社会保障类商业保险费用，可以说是坐吃山空，积累起来的财富大幅度减少甚至还要负债，但是，人们追求财富的欲望及积极性并没有减少，仍然很强劲，尤其是通过这次疫情，人们更加认识到积累财富的重要性，任何人抗风险的韧性，都来自自身财富的积累。财富积累得越多，抗风险的韧性就越强，因而使人们追求财富与积累财富的欲望与积极性更强了，也就是说，中国社会经济发展的动力仍然存在并很强大。

第二，作为经济增长基础的市场主体仍然存在，虽然疫情使得大量企业停业、停工、停产，收益减少甚至亏损，尤其是有些中小企业没有能抗住风险而倒闭破产，但是总体来看，企业虽然受损严重，但大部分存活下来了，因而只要疫情一结束，企业就能够开始运转，经济就会恢复到常态，增长就会由负转正，回归常态。

第三，中国的产业链及供应链还在，制造大国的优势没有变，虽然在疫情中受损，但总体格局没有变化，基础还在，尤其是通过这次疫情，人们认识到传统产业升级的必要性及发展高新技术的重要性，从而会推动中国产业与供应链的升级与发展，为经济增长带来新的推动力。

第四，中国作为市场大国的优势没有变，城市化进程尤其是都市圈的发展趋势没有变，人口红利及人才储备仍然雄厚，也就是整个经济体系没有变，所以中国经济增长的长期趋势没有变，因为疫情而出现的经济衰退是短期的，很快就会过去，中国经济增长在较长时期内都是利好，而不是利空。

第五，中国开放趋势确实会因为疫情而受到冲击，尤其是一些西方政客试图以疫情政治化与污名化而阻止全球化进程，损害中国的开放。但是，开放是以利益为导向的，决定开放的主要规则是利益规则，只要中国能开放，为世界带来巨大利益，那么中国的开放趋势就会仍然强劲。第一，只要中国能生产出别人生产不出的高质量而且便宜的产品；第二，只要中国市场为世界投资者能带来巨大的利益；第三，只要中国的服务贸易量仍然很大，例如出国留学生数量、出国游的数量、支付的专利及技术的费用数量，都呈上升趋势，那么，中国开放就必然会进一步扩大与发展，从而经济增长，社会持续向好。

总之，中国经济增长的基础与格局没有改变，仍然会持续增长的，因为疫情而出现的经济衰退是短期的，估计2020年第二季度增长就会转正，2020年虽然增长速度落后于2019年，但2021年一定会再次恢复正常，进入较高的增长通道。

十六、后疫情时代争议与关注的几个问题

就经济领域来看，人们关注这样几个问题，而且认识似乎也并不完全统一。

1. 中国经济会不会因为新冠疫情而陷入中长期衰退

我认为，虽然疫情逼停了中国经济，使中国经济在2020年第一季度出现－6.8%的增长，甚至第二季度有可能还是负增长，但疫情不会使中国经济陷入中长期衰退，原因如下。

第一，中国经济虽然出现了负增长，但这种负增长不是

经济本身的问题引起的，而是疫情导致了停工、停产、停业，只要疫情一结束，经济就会恢复常态，进入正增长。

第二，疫情虽然逼停了中国经济，但并没有毁掉中国经济的基本面，基本面仍然完好：一是增长动力还在，人们仍然有追求与创造财富的巨大积极性；二是市场主体还在，虽然一些中小企业受到损失，但并没有倒闭；三是产业链与供应链还在；四是工业化与城市化进程还在，而且城市化发展到都市圈阶段；五是人力资源及人口红利还在；六是市场需求还在，仍然是世界最大的单体市场；七是改革红利还在，改革还会继续推进。

第三，中国以各种有效方式在疫情中及疫情后推动着经济增长：一是修复经济，包括减免税费（2.5 万亿），对企业及个人补贴（3.7 万亿），保证流动性充足并实行低息（中小金融机构 1.7 万亿）；二是刺激经济，重点刺激投资，在公共产品投资中注重传统基建投资、新基建投资（信息类基建、融合类基建、科创类基建）、都市圈投资、公共卫生体系投资，在经营性投资中注重战略性新兴产业投资、现代制造业投资、服务业投资；三是深化改革，包括市场经济、混合经济、法治经济等。

2. 新冠疫情会不会引发中国金融危机

我认为不会，因为在中国，有可能引发金融危机有五大因素，一是银行体系，二是股市，三是债券市场，四是房地产，五是外汇体系，这五大因素虽然受到疫情的冲击，例如银行体系呆坏账率上升，但总体是安全的，风险可控，因而新冠疫情不会在中国引发金融危机。

但是，新冠疫情确实增加了我们金融方面的压力。主要有两个。

第一，宏观负债率上升。因为2020年财政赤字率要提高到3.6%，新增赤字比上年增加1万亿，达到3.8万亿，而且还要发行特别国债1万亿，再加上要对企业减税费2.5万亿，因而国家负债上升，当然导致宏观负债率上升。我国2017年提去杠杆,2018年提结构性去杠杆,2019年提稳杠杆，现在提允许杠杆率的阶段性上升，这表明宏观负债率上升是必然的。

二是流动性增加较快。2020年3月末，M2增长率为10.1%，2020年4月末M2增长率为11.1%，但2020年3月及4月GDP增速则是负增长，2019年我国GDP增速为

6.1%，而 M2 增速在 8.3% 左右，可见流动性确实增长很快。仅 2020 年 1 月到 5 月，我们对中小金融机构的新增再贷款达到 1 万亿元，降准 4000 亿元，发金融债 3000 亿元，等于释放了 1 万 7000 亿元的流动性。因此流动性增加较快。

大家知道，宏观负债率过快上升及流动性过快增加并非好事，如果过度放任，会极大增加金融风险，因此，虽然新冠疫情不会引发金融危机，但会带来宏观负债率上升及流动性增加过快的压力，因而我们应该注意这两个问题，要有应对预案及措施。

3. 新冠疫情会不会阻断我国的全球化进程

讨论这个问题的原因，是西方一些政客及媒体在新冠疫情上不断抹黑中国，“甩锅”中国，试图将自己在抗疫中的失误转嫁给中国，甚至要求中国赔偿。有人担心西方一些政客及媒体的这种做法会影响甚至阻断中国的全球化进程，使世界与中国“脱钩”。我认为，这种思潮在短期内是会影响我国的国际贸易与人际交流，对全球化带来一些负面影响，但是中长期不会影响我国的全球化进程，因为全球化的背后是利益原则，是利益导向，是人们所讲的互利共赢，只要中国在全球化中能为世界带来利益,中国就不会与世界“脱钩”,中国的全球化就不会受阻。因此，我们要做好三件事。

第一，充分发挥自身制造大国的优势。只要中国能为世界带来便宜且质量高的产品，只要中国能生产出别国需要而它们自身又不能生产的产品,那么世界与中国就不会“脱钩”,就会与中国发展国际贸易。为此，中国现在要从制造大国向制造强国转变，快速补短板，推动技术创新，为世界生产人们需要而且质高价廉的产品，使中国在世界产业链及供应链的地位更加突出，那么中国就会融入世界贸易的大潮中，任何人也不可能与中国“脱钩”，孤立中国。

第二，充分发挥市场优势。只要中国作为世界最大的单体市场，为世界提供雄厚的市场需求，使得别国的产品及服务只有在中国市场才能销出，为世界提供利益，那么中国就不会被孤立，就不会出现世界与中国的脱钩。为此，中国要全方位开放市场，开放产品市场、服务业市场、投资市场，让中国真正成为世界市场。当世界都在享受中国市场“红利”时，任何政客也不可能阻挡中国的全球化进程。

第三，充分发挥服务贸易的优势。中国是世界服务贸易需求大国，一是留学生的数量已达到 160 万人，每人按一年学费 4 万美金计算，生活费每年 3 万美金计算，为世界提供了巨大的资金支付；二是出国游人数最多的国家，而且还在快速上升，一些国家的游客数量的 50% 以上来自中国，中国为世界支付了巨大的旅游收入；三是中国是支付知识产权与技术专利费用最多的国家，随着中国对知识产权及技术专利需求的进一步增加，中国将为世界支付庞大的知识产权与技术专利费用。总之，中国巨大的服务贸易需求，不可能使世界与中国“脱钩”，全球化会仍然深化的。

服务业成为对增长贡献最大的产业

我国养老消费服务未来需求很大，例如像老年失忆症患者，我们国家年发病增长率是7%，跟GDP增长速度差不多。这种病没法在家庭中养老，因为他们不认识亲人了。最近有个企业家，父亲得了这个病，他告诉我，为了能让老先生安度最后的这些年，给他雇了3个保姆。结果3个保姆把他父亲一捆放在楼道，自己玩去了，因为这种病人不会说。所以他就问我，咱们国家有没有这种养老机构，一天多少钱都可以。

2019年统计资料显示，我国GDP总量已接近百万亿之巨，其中第 产业的贡献是百分之七点多，第二产业的贡献是百分之三十多，第三产业贡献是百分之五十多，也就是GDP总量的一半以上是第三产业贡献的。2020年中国经济受到新冠肺炎疫情的影响，但是各产业的贡献仍然延续了

2019 年的趋势，第一季度 GDP 总量为 20 万亿多一点，其中第一产业贡献了 1 万多亿，第二产业贡献了 7 万多亿，第三产业贡献了 12 万多亿，第三产业的贡献仍然是最多的，在百分之五十以上。

第三产业就是包括各种服务业在内的产业。也就是说，在经济增长中，服务业已成为贡献最大的产业。这是中国产业结构发生根本性变化的重要信号。

服务业成为对经济增长贡献最大的产业，最起码说明了三个问题：一是中国就业压力会得以缓解，因为在同等发展条件下，服务业是能最大限度提供就业机会的产业。我国过去靠增长速度提高就业率，但不可能一直是高速增长，因而服务业的发展为我们提供了不靠增长速度而提高就业率的空间；二是有利于节约资源，因为在同等发展条件下，服务业是消耗资源最少的产业，中国将成为世界上最大的资源消费国，服务业的发展从资源消费上为中国可持续发展提供了有利条件；三是标志着中国产业结构的升级，因为服务业的贡献越大，就说明产业结构档次越高，服务业贡献大反映了产业结构的升级。

因此，我们应该因势利导，大力发展服务业。具体来说，就是要发展消费服务业、商务服务业、生产服务业、精神服务业。

当然，这次的新冠肺炎疫情，使我们认识到发展服务业要关注防风险问题，在发展服务业中一定要关注公共卫生事件。服务业是公共卫生事件中受损最大的产业，停工、停产、停业中的停业，就是指服务业被迫停业，而且，服务业也是在疫情中恢复最慢的产业，复工、复产已经开始，但复业却迟迟不能启动。因此，发展服务业要认真防风险，关注公共卫生事件。

一、消费服务业

所谓消费服务，就是为人们的消费活动提供服务。消费服务包括六个部分：第一是餐饮与商贸，第二是医疗与健康，第三是养老消费服务，第四是儿童消费服务，第五是家政消费服务，第六是交通与信息消费服务。这六个部分我们统称消费服务。

我们国家消费服务现在有巨大发展空间，因为严重短缺，医疗与健康就是如此。我们的医疗与健康领域有两个问题，一个是看不起病，一个是看病难。看不起病和看病难是两回事。看不起病是资金的问题，是社会保障制度改革的问题。看病难则是服务业不发达的问题，有钱也看病难，这是因为医疗与健康服务业的不发达，所以要解决看病难的问题，只有靠发展医疗服务业才行。

从目前来看，仅仅靠政府，医疗与健康这个服务业发展不起来。所以我们现在开始鼓励社会资本进入。最近我们这方面改革的重要方向是放开社会资本进入医疗与健康领域。过去是不放的，后来放了一点，例如只能办非营利性医院，现在全部放开了。为什么？因为这种服务业有巨大的发展空间。对于看病难，可能大部分人都有体会，看病难的原因是我国服务业发展严重不到位，因而要大力发展。

再比如，养老消费服务。养老消费服务在中国越来越重要，因为我们已经进入老龄化社会了。但是养老消费服务不是我们讲的养老地产的问题。我一直弄不清楚，为什么一讲到养老消费，就和地产搞在一起，不是这个问题。投资养老消费服务，要控制两个团队，一个是老年病治疗团队，一个是老年特殊服务团队。将这两个团队组织起来，就能投资养老消费服务，而且投资空间很大。

我考察过日本养老消费服务。它分为两种模式，一个叫集中型，一个叫分散型。集中型的就是托老所，分散型就是你住在家里，公司给你提供定期或不定期的服务。我专门考察过日本的托老所，它分类很细，其中有一个部门叫老年失忆症患者部。这个部的负责人告诉我，一般感到不安全、具有焦躁不安倾向的老年人容易得这种病，得了这种病以后他经常会跟你讲些莫名其妙的话，他讲完之后你一定顺着说，千万不要戗着说，戗着说就要闹事。比如，他突然告诉你他中大奖得了两个亿，你就说是，已经给你存在银行放好了，这样他就会高兴地走了，玩去了。如果你说没有，他就开始砸东西。所以有时候我们还得找一点让他们高兴的事。比如有一天宣布，请大家注意，安倍首相明天来看望大家，大家听了很高兴，但一转身就忘了，高兴就行。有时候打针他们不去，你告诉他说，你得去，因为那个医院是你办的，你得体验一下，他们就高兴地去了。这个负责人告诉我，这种养老消费服务并不是你们想得那么简单。我觉得很有道理。

2015 年 10 月北京媒体大量报道了一件事情，就是北京大学一位知名教授把自己的房子卖了，住到养老院去了，一个月的费用是 2 万元人民币，住的房子的面积 100 多平方米，各种服务都由养老院提供。对此大家讨论得很热闹。在讨论中就有人提出来，他能拿出 2 万元一个月，我们拿不出来怎么办？我说，你拿不出来找政府，跟人家养老院没关系。因为你面临的问题是养老社会保障问题，就是讨论政府在养老中发挥了什么作用的问题，而这里是讨论养老消费服务的问题。养老保障与养老消费服务是两个不同的概念，是两回事。我估计我国养老消费服务未来需求很大，例如像老年失忆症患者，我们国家年发病增长率是 7%，跟我们 GDP 增长速度差不多。这种病没法在家庭中养老，因为他们不认识亲人了。最近有个企业家，父亲得了这个病。他告诉我，为了能让老先生安度最后的这些年，给他雇了 3 个保姆。结果 3 个保姆把他父亲一捆放在楼道，自己玩去了，因为这种病人不会说。所以他就问我，咱们国家有没有这种养老机构，一天多少钱都可以。很可惜我国没有这种养老机构啊。实际上中国现在不是没有投资机会，而是有巨大的投资机会。这种消费服务不要小看它，未来有巨大的发展空间。

最近有人告诉我，他原来盖房子，现在不盖了，干什么呢？搞消费服务。承包了几个小区，每个小区建了网站，给住户提供所有的服务，例如办护照、签证、医院挂号等，所有事都可以服务。他告诉我说需求巨大，只要你设定费用就行。他说，现在中产阶级最大的问题就是怕麻烦，只要能解决麻烦，多少钱都行。因为对富人来讲，凡是钱能解决的，都不是问题，他们就是害怕麻烦，所以，只要你帮他解决就行。可见，这种服务业有巨大的投资机会。

消费服务的规模取决于两个因素：一是人口基数，人口规模越大，消费服务规模越大；二是人们消费水平的提升，消费水平越高，消费服务规模就越大。

中国人口接近14亿，中产阶层的数量达到4个多亿，而且有不断增加的趋势，因而中国是一个人口基数非常大，而且消费升级很快的国家，因此中国消费服务业仍然具有快速增长的潜力与趋势，是中国服务业的重要组成部分。

消费服务业是最古老也最基础性的服务业，任何个人及家庭都离不开，在这次新冠肺炎疫情中充分表明了这一点。当然，这种服务业也受到科技创新的巨大影响，就目前来讲，最重要的就是网络对消费服务业的影响，例如网上购物，网上询医问病等。尤其是网上购物，发展极为迅速，人们不出门就能享受购物服务及消费。在这次新冠肺炎疫情中，网上购物发挥了极其重要的作用。不过，由于这种购物方式的出现，也使得原有商场等商业场所开始衰落，当然也有失业的伴随，因而有人对此有非议。我认为，虽然商场等商业场所有所衰落，导致有人失业，但这种消费方式却产生了快递小哥，带来了新的就业岗位，而且快递小哥的交通工具又带动了新的产业的发展，再加之这种消费方式将生产者与消费者直接连接起来，减少了流通费用，方便了人们的消费，等于提高了整个社会的经济效益，因而应该继续发展，大可不必过多责备。商场冷清不等于消费不繁荣，而是带动了消费的更大繁荣。

二、商务服务业

所谓商务服务，就是为人们的商务活动提供服务。商务服务是一个宽泛的产业概念，大致上包括五大类。第一类是金融服务，例如像商业银行、投资银行、证券、保险、基金等都属于这种服务。第二类是商事服务，包括会计师事务所、审计事务所、经济商务类律师事务所等。第三类是投资咨询，包括各种投资咨询、管理咨询、经营咨询等公司。第四类是园区管理业务，包括园区开发、管理经营等公司。第五类是家庭财产管理服务，包括货币财产管理，也包括非货币财产管理。

商务服务的发展取决三大因素。

一是经济规模的增加，经济规模越大，对商务服务的需求就越大，商务服务业就越发达。

二是经济体制改革的深化，例如，政府对工商业审批制度的不断改革，必然导致商事服务业的发展，企业从创立到重组并购，甚至走向破产清算，都有人为你提供服务。又例如，政府不再自己搞产业园区，将产业园区开发与管理逐渐交由企业进行，园区管理服务业就会大力发展，等等。

三是人们收入不断提升，收入的提升必然引发人们的投资欲望与需求，因而为个人提供投资服务的商务服务业就会大幅度增加。例如私人银行在我国的形成，就是为个人投资服务的商务服务业发展的必然结果。

我国目前经济仍然处于中高速增长期，经济体制改革还在不断深化，而且个人收入也处于较快增长期，所有这些有利于商务服务业发展的因素，都必然会推动我国商务服务业的快速发展。

商务服务业与消费服务业有很大的不同，消费服务业涉及人的生命安全及生活质量，而商务服务业则涉及市场主体的经营安全及财产安全，尤其是商务服务业中的商事服务，尤为重要，例如会计师事务所及审计事务所的服务，更加涉及社会的公平公正。目前出现的上市公司财务造假，公司上市过程中的会计及审计造假，搞所谓包装上市等，都与商务服务业中的弄虚作假、推波助澜有关，因而必须关注商务服务业发展中的不正之风。

三、生产服务业

所谓生产服务，就是为生产过程直接提供服务。包括五大类：一是技术服务，二是设计服务，三是生产上的外包服务，四是网络服务，五是数字化服务。

生产服务也是个宽泛的产业概念。例如北京有一家公司为全国的钢厂服务，帮钢厂调整工艺流程，实现节能环保；帮钢厂在钢水出口处加一种原料，生产新的钢，这叫作产品功能定位，或者在炼钢设备上喷一层原料，让它延长设备的使用寿命，等等，这些技术服务，就是生产服务。北京现在有一大批所谓的轻资产公司，就是没有什么资产，就几十个技术人员，为某个行业或产业搞技术服务，技术服务就是很重要的生产服务。

再比如，设计也属于生产服务。无论是服装设计、工业产品设计，还是建筑设计等等，都属于生产服务。比如工业产品设计。最近大家如果家里要换空调，你发一个帖子，向网民咨询一下买什么牌子好，你注意网民给你推荐的第一个品牌一定是三菱。为什么推荐三菱，空调实际上核心技术都是一样的，没什么区别，那为什么推荐它，因为它的设计变了，出风口声音非常小，夏天在卧室开着它，一点声音都没有。这是什么带来的价值？是设计带来的。所以设计是生产服务的内容。

生产服务在中国有巨大的空间，因为世界潮流是一个企业只做自己最核心的部分，大量生产经营活动要外包。外包就是生产服务发展的一种新情况。最近我碰到一个搞农业的，他说现在搞农业单个投资回报率很低，养一只鸡才赚几毛钱，真要赚钱的话，要靠规模农业才行。但是一旦走上规模农业的道路，生产服务必须跟上，例如有的提供兽医服务，有的提供市场服务，有的提供种猪服务等等，没有生产服务不可能通过规模农业而提高农业回报率。所以，生产服务在中国有巨大的发展空间。

在高度信息化与数字化的今天，网络服务是生产性服务的重要内容，包括工业互联网与电商平台。前者是生产过程的产业链形成后，产业链已经信息化与数字化，需要网络服务，就是人们所讲的工业互联网。现实生产过程进入网络化之中，无论是零部件及原材料之间的分工协作，都以网络化为基础，网络维系与引导着现实生产过程。同时，生产过程如果作为生产、交换、消费的全过程的话，那么电商平台也可以看作为生产服务中的网络服务，因为生产的最终目的是消费。消费才标志着生产过程的结束，因而电商平台也算作生产服务的网络服务的重要组成部分。

数字化服务也是生产服务的重要内容。数字化与网络化虽然有内在联系，但数字化应该作为生产性服务业的独立的重要内容，因为数字化为经济活动主体提供了反映各种经济活动内在规律的数字，尤其是市场供求关系变动的重要规律，因而这些数据成为各个经济主体科学决策的依据，是保证经营活动成功的重要的生产要素，因而成为生产性服务的重要内容。当然，数字服务是需要相关企业的整理与开发才能形成的，而且数据需要有科学性与权威性。一些企业以数字服务为经营目标，成为生产性服务的重要主体，其提供的数字服务作为商品在市场中交易，以市场交易为基础而为整个社会经济服务，其价格取决于其数据的科学性及权威性。

生产性服务的发展主要取决于两个因素。

第一，技术创新的专门化与知识产权的严格保护。例如，有一家企业在炼钢方面拥有某些技术及知识产权，专门为钢铁企业服务，帮助某家钢厂调整一下工艺流程，就能实现节能环保，帮助某家企业在钢水出口处加入某种原料，就会形成一种新的钢材，等等。在技术创新越来越专业化与知识产权保护日益严格的条件下，技术服务日益独立于实体经营活动之外，形成了专门提供技术服务的新型企业。

第二，分工协作的深化。在比较优势原则与比较成本原则的作用下，分工协作必然成为所有企业的重要经营理念，只要有利于成本节约，所有企业都会将自身的某些经营活动交由更具有成本优势的第三方，因而在零部件合作乃至某些经营过程的合作上，越来越细化。例如苹果手机连生产线都没有了，凡是不涉及核心技术的经营活动都可以委托第三方。实际上，世界产业链形成的真正原因，就是分工协作的日益细化，是生产性服务日益扩张的结果。

生产性服务业具有较高的市场价值，绝不能小看生产性服务业。中国有不少知名企业就是从生产性服务业做起的。某个企业的生产性服务业如果融入某个庞大的产业，那么其市场价值就是巨大的，如果能融入世界产业链之中，那就更拥有巨大的国际市场价值；如果能融入技术创新较强的有关企业之中，就会随之逐渐拥有技术创新的推动力。总之，生产性服务业是一种日益扩张的服务业。

这里需要指出的是，生产性服务业也是服务贸易的载体。国际贸易既包括物物贸易，也包括生产性服务贸易，而且生产性服务贸易具有巨大的市场价值。如上所述，国际贸易由两部分组成，一个是物物贸易，一个是服务贸易，前者交易的是某种物质产品，而后者交易的则是某种服务。从世界贸易发展进程来看，服务贸易的份额将越来越大，世界产业链中的一个重要内容就是服务贸易。因此服务业会日益国际化，其价值往往会以世界市场为基础，具有极高的市场价值。一些发达国家的重要国际收入是来自于服务贸易。因此，生产性服务业作为服务贸易的载体，有着广泛的发展前景。

四、精神服务业

所谓精神服务，就是为满足人们的精神需要而提供的服务。这种服务业我们统称为精神服务。人的享受实际上就分两种，第一种是物质享受，这种享受靠消费服务满足；第二种是精神享受，这种享受靠精神服务满足。精神服务是一个宽泛的产业概念，包括四大类：第一类是影视、音乐、戏剧，第二类是收藏、非遗、博物馆，第三类是旅游、休闲、娱乐，第四类是文化、出版、体育、美术。这些以满足人们精神需要为特点的服务都属于精神服务业。

精神服务是重要的服务业，因为人富有之后，物质享受逐渐会失去增长的弹性，例如我们吃馒头，穷的时候每天吃两个，富了也不可能每天吃 30 个。人的消费支出实际上大量的是精神消费支出。例如一部电影卖十几个亿没什么大惊小怪的，因为只要能满足不同阶层的精神需要，一定有票房价值。2015 年有一个电影叫《捉妖记》，卖得还不错。我专门去看了一下，为什么票房那么高，就是因为能满足不同社会阶层的需要。比如说你是很有思想的人，作者通过人和妖的关系，告诉你当下社会的实际弊端在哪里，怎么解决它，你看了以后很有认同感，认同感就是一种精神享受。而小孩什么都不知道，看着胡巴好玩，高兴地大喊胡巴胡巴。正是满足了不同人群的需要，才有票房价值。据说《捉妖记》拍了两次，第一次拍完后发现主演吸毒，就不能上映了，又重拍了一次。投资方为什么敢第二次投资呢？因为知道有票房价值。当然，这种服务业要注意满足人们的精神需要才行。

请大家注意，未来对精神服务业的投资都有巨大的意义。例如旅游，未来空间就很大。2015年我因为考察“一带一路”，去了河西走廊几次，河西走廊有一个城市叫张掖市，有个景点叫丹霞地貌。我看过的丹霞地貌比较多，觉得它并没有太特殊的地方，很一般，但是那里人山人海，80多元钱一张票，我看了一下，游客百分之八十来自中国发达地区，他们为什么要看这玩意呢？因为我发现只有在这个地方人才能体会什么是苍凉感，山清水秀的发达地区没有这种感觉，到这里才有这种感觉，所以发达地区来的人很多。人就是追求短缺的，越没有什么就越追求什么。我告诉当地政府说，你们一年接纳1000万人，10年才1个亿，我们13个亿，若每人一生来一次，需130年，因而有巨大的投资机会。

2015年8月，我到格尔木看到一个企业投资旅游设施。我说你们一定要投资，因为只有这里才有昆仑文明和盆地文明，只有这里才能感悟昆仑文化和盆地文化。中国人每人一生来一次，你就够了。这种精神消费在中国会越来越广泛，不要小看它。

我估计精神服务业在中国的投资具有巨大的空间，但现在我们有人往往忽视它。实际上是错的。人富裕之后的消费支出不是物质消费支出的不断上升，而是精神享受支出的上升。只要你能搞出满足人们精神需要的产品，一定有很大的潜力。因此精神服务是第四类服务业，要大力发展。

1. 影视、音乐、戏剧

影视、音乐、戏剧是重要的精神服务业的内容。目前对于影视、音乐、戏剧的讨论，主要涉及到三大问题。

影视、音乐、戏剧的发展趋势

影视、音乐、戏剧，作为满足人们精神需要的艺术活动，其发展涉及三个方面的因素。

第一，艺术形式。

人们对不同的艺术形式有不同的偏好，例如，就戏剧来说，有人喜欢京剧，有人喜欢某种地方戏，有人喜欢话剧，可谓五花八门；又例如，就音乐来说，有人喜欢民族音乐，有人喜欢西洋音乐，有人喜欢轻音乐，等等。因此，我们应该根据人们的不同偏好来发展不同的艺术形式。

人们对艺术形式的需求是多元化的，因而在艺术形式上不能搞一刀切，应该允许不同艺术形式百花齐放，创新发展，满足人们多元化的需求。例如小品一度很火，但相声这种艺术形式仍然有很雄厚的观众基础，不然就不会有德云社的发展。又例如，京剧是国剧，但秦腔在中国西部仍然市场很大。因此，艺术形式的选择应该走市场化道路。

第二，内容。

实际上，真正影响影视、音乐、戏剧发展的是内容。只有有了能满足人们精神需要的内容，才能有巨大的市场，才能有庞大的消费它的群体。例如同样是电影，有的电影能产生几十亿甚至百亿的市场价值，而有的电影连成本都收不回，其主要原因是由内容决定的。有的电影的内容能满足某个社会阶层或者多个社会阶层的精神需要，因而票房价值极高；有的电影的内容严重脱离社会的精神需要，因而亏损严重。在这里，关键是内容。

正因为关键是内容，因而影视、音乐、戏剧能够成功的最重要因素，是创作人员必须清楚地知道在一个时期，某个社会群体或者某些社会群体，甚至整个社会需要什么样的精神需求。只有这样，才能满足人们的精神需求，才能有市场价值。在实践中，往往是影视的内容带动了某些明星的产生，而不是明星带动了影视的票房价值。一个内容非常不好的影视，即使明星演，照样无人观看，甚至有时渣剧会毁掉明星。因此，关键的问题是内容。

在内容问题上，有两个评判标准，一个是市场标准，一个是审查标准。应该说，这两个标准实际上应该是统一的。但是，在严格的审查制度下，有些好的作品可能因为审查者的好恶而无法进入市场，使得好的作品无法与观众见面，无法体现市场价值，因此，影视、音乐、戏剧总体上不能搞过严的审查制度，只要内容上不反人类、反社会、反道德、反法律，应该交出市场去评判，交由人民去审查，票房价值是最终的评判标准。因此，应该改革目前的审查制度，让市场发挥更大的作用。

第三，民族性与普世性。

民族性与普世性应该是统一的，越有民族性，也就越有普世性，因而在这方面要有国际视野，不能排斥外来文化因素。不同国家在意识形态的选择上是有差异的，但一些普世价值则是相同的，例如对公平正义的追求，都会体现在具有自身民族特征的影视、音乐、戏剧之中。因此在影视、音乐、戏剧上我们越开放，就越能推动影视、音乐、戏剧产业的发展，形成更大的国内国际市场。所以，在影视、音乐、戏剧上不能搞封闭，不能以单纯意识形态作为标准，要考虑普世性问题。

影视、音乐、戏剧产业中的“粉丝”现象

随着信息化、网络化、市场化的快速发展，在影视、音乐、戏剧业中出现了一种新的市场现象，即“粉丝”现象。这种现象甚至成为影视、音乐、戏剧市场的导向性力量，追星成为一些人生活中最重要的组成部分，某些人表现出极端的狂热性。这是影视、音乐、戏剧产业在市场化发展中出现的必然现象，对此不必过多地指责，关键在于进行理性化引导。

“粉丝”现象实际上具有“双刃剑”作用。一方面它会给一些明星带来巨大的市场价值，不仅其表演方面拥有雄厚的市场基础，而且还会因为各种代言及广告等获得巨大的市场价值，因而这些产业也会成为造富翁的产业，明星富翁不少；另一方面，“粉丝”对于明星又有着“高大上”的人设要求，因而明星在自身生活及行为上不能出现使“粉

丝”不满甚至厌恶的生活方式及言行，否则，一旦出错，人设崩塌，其市场价值就会全面丧失。因此，“粉丝”现象在某种意义上讲，对影视、音乐、戏剧市场具有激励与净化的作用。

正因为“粉丝”现象具有重要的市场价值，因而在这方面出现了造假式的刷流量与“黑客”现象。这是一种欺诈性违法现象，必须严厉制裁，以法律形式净化影视、音乐、戏剧市场。这方面，法律部门做了很好的尝试，而且用高新技术如区块链技术打造了有关法律平台，以法律方式净化市场，维护人们的正当利益。

“粉丝”促成了明星的高薪酬的形成，人们对此有不少非议，但对这个问题的解决不能采取行政化或者道德谴责的方式，而是应该走市场化的路子，也就是通过税收方式加以调节，这样既让明星能休现其市场价值，其名义收入很高，但以税收方式进行有效调节，实际收入得以控制，从而能有效维护社会公平。

影视、音乐、戏剧制作与传播方式的变革

在信息化、网络化、数字化的今天，影视、音乐、戏剧

的制作及传播方式出现了巨大的变革。例如网络化与数字化解决了原有的传统电视播放时间和空间与观看者在时间和空间上的冲突，人们可以根据自身的时间与空间选择观看的时间与空间，在飞机与高铁上仍然可以选择观看自己所喜欢的影视节目；又例如，网络化与数字化打破了空间界限，使人们获得实地体验的感觉；再例如，网络化与数字化能使一些名画动起来，让人们获得融入其中的感悟；还例如，高科技使影视制作方面的成本大大降低，以模拟方式获得逼真的情景，等等。

总之，我们应该充分发挥高科技在影视、音乐、戏剧的制作与传播方面的重要作用。这不仅对影视、音乐、戏剧产业具有重要的推动作用，而且对高新技术本身的发展与运用也有重要作用。

2. 收藏、非遗、博物馆

收藏、非遗、博物馆，是精神服务业的重要组成部分。

收藏作为人们的偏好，是对人们精神需求的一种满足，它本身不仅作为一种精神消费而通过消费对经济增长有重大贡献，而且它还会通过藏品的收藏、生产、流通等带动经济增长，例如收藏邮票、文物、古旧家具、瓷器、陶器等，都会形成相关的生产与流通,对经济增长有重要的作用。因此，不能忽视收藏对经济增长的贡献。

非遗反映与体现了人们对一个民族或国家的历史记忆，它不仅作为满足人们精神需求的重要活动而推动经济增长——例如它所引入的旅游一直是旅游业的重要组成部分，而且它本身的生产与消费，就是经济增长的重要内容，例如手工艺品、饮食、纺织等方面的非遗产品就是如此。因此，非遗产业化是非遗的重要发展方向。

博物馆作为人们实现精神享受的重要场所，对经济增长有着不可估量的作用，例如故宫博物院每年的票房价值高得惊人，如果再加上它的产品的模仿式产业化，那就更对经济增长有着不可估量的贡献。因而博物馆不仅体现历史价值，而且它通过历史价值对经济增长有重要贡献，应该称之为博物馆经济。现在中国博物馆有了一个新的家族成员，这就是众多的各有特色的个人博物馆，它成为人们满足精神需要，在精神世界进行交流与分享的重要场所。它实际上引发了相关的经济活动，对经济增长有重要贡献，因而精神服务业必须关注博物馆经济。

3. 旅游、休闲、娱乐

旅游、休闲、娱乐，属于同类的精神服务业范畴，具有相同的属性。

旅游作为对经济增长有着重要作用的产业，其市场价值不用多说，人们已有共识，现在的问题是如何促进旅游产业的发展。旅游产业现在已从观赏性旅游逐渐转向知识性与思想性旅游，转向体验性与参与性旅游，例如人们观看兵马俑博物馆，更加注重秦朝历史；人们观看华清池，更加注意唐史及唐文化，等等。因此，我们在注重观赏旅游的同时，更加注重参与性与体验性旅游，知识性与思想性旅游。

休闲是人们将自己与现实世界完全隔离而处于自我静止性的精神境界，这是处于高度竞争世界的人们进行自我放松的一种精神服务业，山水湖海，高山峻岭，大漠荒原，自然环境独特的地方，经常是发展这种服务业的最好的地方。当然，这种休闲也伴随着音乐、读书、无竞争性体育等有利于忘记竞争性世界的活动，它使处于高度紧张状态的人松弛下来，从而获得休息与积累新的征程的能量。

娱乐作为精神享受似乎有时不被一些人认同，其实娱乐是将人从现实竞争世界拉到另外一个世界，忘记现有烦恼，忘记烦恼就是享受。打游戏就是现在年轻人比较喜欢的一种娱乐方式，它将人们带入一个虚幻的世界，在这个世界中可以进行体验性参与，无论失败还是胜利，都不会对现实世界有影响。人们可以体现参与的快乐以及失败与成功的感受，在这个过程中往往忘记了烦恼与困惑。当然，这种娱乐经常会上瘾，有时反而会影响正常工作与学习，这是要加以引导的。尤其是有些具有赌博性质的娱乐，这也是要加以注意的，不能因为赌博性而冲击了娱乐的正常属性，将精神享受变为一种“毒品”，腐蚀人们的精神世界。

4. 出版、文化、美术、体育

出版、文化、美术、体育是更加广泛意义上的精神享受活动，因而也是精神服务业的重要组成部分。

出版不仅仅作为精神产品的传播手段而存在，而且阅读本身就是一种精神享受行为，因而出版是重要的精神服务业的组成部分，无论理论著作、小说、诗歌、报告文学等，都对人们的精神世界乃至行为有着极为重要的影响，一部好书可以有效提升人们的精神境界；而一部不好的书会使一些人人设崩塌。因此，要更加重视出版业的发展。无论是文字出版，还是影视出版，还是网上读物出版，都具有重要意义。

文化是一种具有极其广泛意义的精神享受，包括语言、文字、绘画书法、风俗习惯等。例如书法就是中国人公认的一种陶冶情操、修身养性的文化活动。文化的产业化是必然的，对经济增长有重要作用，例如书法不仅引起笔墨纸砚等产业的发展，而且其创作与交易活动日益增加，产品的市场价值越来越大。又例如，中国语言的"说文解字"，不知出版了多少此类书籍，而且成了诸如相声类文艺节目的素材，从各方面影响着人们的精神世界，等等。

美术作为精神服务业，具有古老而悠久的历史，从考古发现的人类社会最早的石刻及壁画，到现代的各个流派的绘画，从西洋画到中国画，无不体现了人类在精神世界的追求与享受，因此，美术是重要的精神服务业组成部分。美术不仅带动了美术收藏、美术会展、美术教育、美艺交易等有助于经济发展的活动，而且从精神消费层面上带动了实物消费，从而使其本身就成为经济增长的重要组成部分，而且美艺还直接融入现实生产活动之中，例如工艺美术，直接提高了物质产品的市场价值，推动了经济的高质量增长，在生产环节成为经济增长的重要组成部分。因此，必须大力发展美术产业及事业。

体育不仅仅与健康有关，而且实际上也属于精神享受范畴，是精神服务业的重要组成部分。例如马拉松，不仅仅是为了锻炼身体，而且也是人们展示自己的重要活动，俗称“显摆”，展现自己就是一种精神享受。不少具有竞技性质的体育活动，对参与者来说，是一种展示自己的平台，是一种精神上的愉悦。有些体育活动能满足不同参与阶层的“发泄”，“发泄”实际上就是一种精神宣泄，是一种享受，例如球迷现象就是如此，篮球“宝贝”就是如此，观看者往往获得某种宣泄式的精神享受。

5. 精神服务业的特征

精神服务业作为满足人们精神需要的产业，与别的物质化的产业有很大的差异，最大的差异是它提供的产品是属于思想性产品，与人们的思想境界有关，因而必然受制于下述因素的约束。

第一，意识形态与法律。也就是说精神服务业所提供的产品，不能与意识形态与法律相冲突。如果有冲突，将会受到制裁。世界上没有超越意识形态与法律的精神产品。因此，对精神产品的审核制度都是存在的，只不过方式有所不同而已。我们所能做的是尽量让意识形态与法律对精神产品的生产不要起到负面的制约作用，为精神产品的生产造就良好的环境与空间，不能过度地苛求，更不能随意打压。

第二，民族习俗与道德规范。任何民族都有自己的生活习俗，都有自己的道德规范，因而精神服务业不能生产有损于民族习俗与道德规范的精神产品，否则，将会受到制约，例如具有淫秽、色情、暴力、赌博等倾向的精神产品在许多国家是禁止的。

第三，宗教信仰。人们有选择自身精神信仰的自由，任何人不能将自己所不赞成的宗教作为异教，因而精神服务业提供的精神产品不能攻击或者谩骂别的宗教，否则，就会引起不应有的冲突。世界上已经多次出现精神产品引发宗教冲突与社会冲突的事件，应该要注重精神产品与宗教信仰的协调。

第四，多元化与多元性。人类社会实际上是由不同阶层群体、族群、职业群而形成的，因而人们对精神产品的需求也是多元的。精神产品实际上具有多元性，所以精神服务业提供的精神产品也应具有多元化与多元性的特点，不能搞单一化，把某个阶层的精神偏好强加于别人，而是应该允许能满足人们多元化与多元性需求的精神产品问世。不要以某些人的好恶来选择精神产品，而是要百花齐放，推动多元化与多元性精神产品的生产。

第五，生产力标准。精神产品最终都会影响人们的实践与行为，转化为物质的东西，变成生产力，例如一个好的文艺作品会教育与激励人，使人努力上进，推动生产力的发展；相反，一个不好的文艺产品可能成为精神鸦片，使人颓废，最终会破坏生产力。因此，精神服务业必须生产出有利于生产力发展的精神产品，例如要产生体现法制社会、契约精神、职业道德、创新理念、勤奋努力、开拓创新的精神产品，从而有效推动生产力的快速发展。精神服务业的产品不能阻碍甚至破坏生产力的发展，生产力标准是评价精神产品的最重要标准。

精神服务业的关键，是强调人们精神活动及产品市场化，以经济方式从事与管理人们的精神产品的生产与经营，但实际上并不是所有精神产品生产都能市场化，都能实现自负盈亏。有些精神产品的生产实际上难以市场化，因而不能称之为产业，而是称之为事业，例如一些地方戏剧、高雅音乐等，就无法实现完全的市场化，无法在市场上自负盈亏，成为真正的产业。因此，精神服务业中的一些精神产品的生产只能走事业化的路子，也就是需要国家财政的补贴。事业化也是精神服务业存在的一种模式,关键是要把握好补贴的量与度，让它们以事业的方式继续为人们的精神需要服务。

在讨论精神服务业时，人们经常会谈到一个问题，这就是，教育是否属于精神服务业，教育能否提产业化。教育虽然与精神服务业有重要的关联度，但教育不属于精神服务业范畴，它同医疗、社会保障一起，属于社会公共政策领域，而且，教育不能单纯地提产业化。因为，教育分为义务教育与非义务教育，义务教育是完全由国家来承担的，我国目前的义务教育包括小学教育与初中教育，但幼教、高中、高等教育、职业教育、继续教育，则属于非义务教育，非义务教育由社会各个主体共同承担，首先是个人，由个人承担重要费用，同时，国家也会以最大努力推动非义务教育，市场也会对非义务教育有作用，例如助学贷款等。当然，社会也会帮助义务教育，例如社会捐赠等等。因此，教育具有事业化的性质。义务教育的范围应该随着国力的增强而扩大，例如现在有人提出能否将幼教列为义务教育。当然，在义务教育问题上，有些家庭有能力支付教育费用，希望孩子接受更高质量的教育，因而，实践中出现了私立学校，这种学校在某种意义上具有产业性质，但因为国家对其在学费收取及赢利上都有一定的控制，因而它也并不是完全意义上的产业化，而是具有事业性质。总之，不能笼统提教育产业化。

五、服务业风险防范问题

任何产业的发展都有风险，但这次新冠肺炎疫情，使我们不能不讨论服务业的风险问题。

服务业总体上是以人为服务对象的，因而服务业最为惊恐的是公共卫生事件，因为公共卫生事件会中止服务业，使服务业不得不停业。例如 2019 年末到 2020 年初所发生的新冠肺炎疫情，基本上中止了所有服务业，旅游、餐饮、影视、娱乐、航空等遭受重创；有些服务企业虽然因为停业而严重亏损，但还能够支撑住，疫情过后还可开业，而有些企业则因为疫情停业支撑不住而破产倒闭了。因此，服务业必须对突发性公共卫生事件有应对能力，最起码有能力支撑到疫情结束而开业。如何有这种应对能力，看来最为重要的有两件事要做。

第一，建立自身的防疫基金，平时按照一定的比例将一部分利润作为防疫基金存留下来，积少成多，到疫情发生而被迫停业时，用这些基金支付各种要素的费用，例如工人基本工资及房屋租赁费等，使企业能够存活。

第二，购买一定的灾害性保险，一旦疫情暴发，通过保险赔付而维持企业存活。

总之，服务业要有应对突发性公共卫生事件的能力，以各种方式来增强这方面的应对能力。

这里需要指出的是，服务业在防风险方面，除了突发性公共卫生事件之外，还有些潜在风险需要应对。例如就影视来说，某个演员因为吸毒、嫖娼、逃税等事件而导致影视停拍，甚至拍完后不能上映，从而使投资者遭受重大损失，这些都要求影视业要有防范风险的举措及能力，尤其是对重要演员的人设要有深入的了解，防患于未然。总之，服务业要根据自身的特点，构建防范各种风险的能力。

消费成为第一拉动力

人穷的时候穿的目标是御寒与防热及防晒，但富有之后，穿的目标就是追求时尚与现代，把自己装扮漂亮成为服装的首要属性，因此，穿的背后将是服装业，包括服装设计、服装材料、服装制造、服装展示等等。

拉动经济增长的有三大力量，俗称“三驾马车”，即进出口、投资 、消费，其中进出口称之为外需，投资与消费称之为内需。在 2009 年以前，这三大力量对中国经济增长贡献的排序是：进出口、投资、消费，外需排在第一位。但 2008 年的美国金融危机，使中国进出口受到巨大冲击，从而使中国认识到像中国这样庞大的经济体的国家，把进出口作为第一拉动力，也就是将外需作为第一拉动力，虽然在过去一段时间是有意义的，但随着中国的发展，这显然是不行的。因而，2008 年中国开始调整发展战略，启动内需，从外需拉型转向内需拉动型。2010 年开始，拉动中国经济增长的三大力量的排序是：投资、消费、进出口，中国增长方式转向了内需拉动型，其中投资排在第一位。随着中国经济增长方式的进一步调整，到 2018 年，拉动中国经济增长的第一动力，已由投资转向了消费，消费成为拉动中国经济增长的重要力量。2019 年，消费对经济增长的贡献在 50% 以上，投资的贡献在 30% 以上，进出口的贡献约在 11% 大小。

既然消费成为中国经济增长的第一拉动力，我们有必要分析如何推动消费增长与升级的问题。尤其需要强调的是，2020 年我国进入小康社会，小康社会的消费当然较前已有较大提升，我们要讨论小康社会消费对经济增长及产业的影响。

人类社会经济活动的主体是人，社会经济活动最终都是为了满足与不断提升人们的消费，因此，消费决定了产业结构。当然，反过来讲，人们的消费满足与提升，又取决于社会经济发展水平及产业结构。就整个社会而言，人们的消费水平及结构最终又取决于社会经济发展水平及产业结构，主要是生产力发展水平；就个人而言，消费水平及结构取决于自己的收入水平与支付能力。

中国目前是一个生产力发展不平衡，居民收入仍存在较大差距的国家。如果从个人消费的角度来分析经济结构，尤其是产业结构，有如下特征。

第一，吃。穷的时候，吃饱饭是目标，一旦富有起来，吃的目标就发生变化了，从现在来看，主要包括：①吃出健康与享受；②饮食保姆化，不再自己动手做饭；③外出就餐，享受专业化服务；④外卖，例如80后、90后00后、都喜欢如此。因此，在吃的背后，涉及不少产业的发展与提升：农牧渔业及农牧渔产品加工业、食品工业、生命生物工程、餐饮服务业、外卖服务业、家政服务业等。

第二，穿。人穷的时候穿的目标是御寒与防热及防晒，但富有之后，穿的目标就是追求时尚与现代，把自己装扮漂亮成为服装的首要属性。因此，穿的背后将是服装业，包括服装设计、服装材料、服装制造、服装展示，等等。

第三，用。人穷的时候几乎谈不到用，例如往往是一家人一口大锅几个碗，更谈不到厨卫设备问题，但富有之后，则是追求家俱、家居、家电，而且家俱、家居、家电不断追求更新模式。例如厨卫设备不断提升，因而用的背后涉及家俱业、家居业、家电业等产业，是极其庞大的产业需求。有人通俗地讲，中国还有10亿人没有坐过马桶，可见家居业有多大的空间，家居业升级换代是必然的。

第四，行。人穷的时候主要是安步当车，但富有之后，则是乘用小汽车、高铁、飞机等，因而行的背后包括汽车制造业、高铁制造业、飞机制造业以及与此相关的基础设施建设，而基础设施建设又包括建筑业、建材业、建筑装备制造业，等等。有人讲，中国还有几亿人没有坐过飞机，可见飞机制造业及航空服务业有多么大的消费潜力。

第五，住。穷的时候住只是一个避风挡雨的概念，但富有之后，住的目标将逐渐走向舒适性、休闲性、环保性、享受性，因而住的背后是会永远存在的房地产业。房地产业不会消失，而且会随着人们对住的需求不断提升而发展，在房地产上主要做的是防止它引发泡沫与金融风险而已，人类不能没有房地产业。

第六、健康与长寿。这是人类的一个重要消费目标，人富有之后命就贵了，追求健康长寿，因而这个需求的背后包含着医疗卫生产业、医药产业、医疗器械产业、养老消费业，等等。尤其是当社会进入老龄化后，这类产业的需求将会越来越大。

第七，精神追求与享受。人是有思想的社会主体，因而不仅需要物质方面的消费，还要有精神方面的消费，而且越是富有，物质享受弹性就越低，精神享受弹性就越高。精神追求与享受的背后，是有关产业的发展，包括影视、音乐、戏剧，收藏、非遗、博物馆、旅游、休闲、娱乐、体育、文化、出版、美术，等等，精神服务业是一个巨大的产业，随着人们的富有而不断扩张。

第八，信息与人际交流。人是群聚性社会经济主体，其组织方式表现为家庭、就业单位、社区、民族、国家，等等，人们之间需要各种信息沟通与交流，因而人类消费的重要内容是人际交流与信息消费，其背后包括信息技术产业及新一代信息技术产业、各种文化产业，如果考虑到语言等问题，还涉及翻译，等等。

第九，教育与提升。人一旦出生，要融入社会，首先就需要教育，教育实际上是重要的人生消费，包括幼教、义务教育、非义务教育、继续教育等，当然还包括为了适应社会而发生的各种培训，以及因生命周期引起的学习，如老年大学等。不过，教育不能单纯称之为产业，有一些教育活动还是以事业方式存在的，例如义务教育，因而教育产业化与教育事业化构成了人类教育的全部内容。

第十，规避与应对风险。人在一生中经常会遇到各种风险，因而人们要规避与应对这些风险，规避与应对风险是重要的消费活动。规避与防范风险主要是两个方面，一是涉及生命的，一是涉及财富的。涉及生命的有前面所说的医疗产业等，涉及财富的，其背后包含着帮助人们规避与应对风险的保险业、金融业等，因此，包括保险在内的金融服务业是重要的服务的内容。如果将人们保值与增值自身财富也算在防风险之列的话，那么金融服务业就是一个更为广泛的为人们所需要的产业。

总之，个人消费本身引发了诸多产业，而且生产消费品的产业背后，又有为消费品生产而服务的诸多产业，因而个人消费的背后实际上有着众多产业的支撑，从而形成了相应的产业结构，我们需要根据这些产业结构调整自身的投资与生产经营活动。

中心城市及都市圈的发展

中心城市及都市圈的就业与创业机会相对较多，而且能够提供多元化与多层次的就业机会，例如，不仅高端科技研发与高端金融服务业能提供较多的就业机会，而且诸如家政服务、快递小哥、垃圾处理等这样的服务业也能提供更多的就业机会。就业机会的多元化与多层次性，是吸引人们向中心城市及都市圈集中的重要原因。

在我国城市化的进程中，一直有一个明显的特征，这就是人们不断向省会城市、区域性中心城市、国家中心城市聚集，但是在过去一个较长时期，我们强调大中小城市的协调发展，并未完全放开省会城市、区域性中心城市、国家中心城市的落户限制。不过，从 2018 年开始，尤其是从 2019 年开始，中央逐步放开了除北京与上海之外的省会城市、区域性中心城市、国家中心城市的落户限制，强调中心城市及都市圈的作用，从而出现了新的城市化的趋势。例如，作为珠三角都市圈的广州、深圳、佛山、东莞、珠海、中山等城市人口聚集非常快；作为长三角都市圈的南京、杭州、苏州、无锡、宁波等城市的人口聚集非常快；作为省会城市的长沙及作为国家中心城市的西安，人口聚集非常快；作为成渝都市圈的成都与重庆，人口聚集也非常快，等等，总之，中心城市及都市圈的形成与快速发展，成为中国经济发展的重要新趋势。

一、人们为什么向中心城市及都市圈聚集

就个体而言，人们向中心城市及都市圈聚集的原因主要有以下方面。

第一，中心城市及都市圈的就业与创业机会相对较多，而且能够提供多元化与多层次的就业机会。例如，不仅高端科技研发与高端金融服务业能提供较多的就业机会，而且诸如家政服务、快递小哥、垃圾处理等这样的服务业也能提供更多的就业机会。就业机会的多元化与多层次性，是吸引人们向中心城市及都市圈集中的重要原因。

第二，中心城市与都市圈虽然生活成本相对高一些，但

是中心城市与都市圈的收入也远远高于中小城镇及乡村。据调查，中心城市及都市圈像垃圾处理这样的就业岗位的收入，也远远高于中小城镇及乡村的中等收入水平。收入水平较高是吸引人们的重要原因，利益导向起重要作用。

第三，中心城市及都市圈城市化水平较高，城市功能齐全，交通便利发达，文化生活丰富多彩，信息丰富且畅达，时尚及新生活方式首先都形成于这些城市，再加之国际化水平也较高，国际交往方便，这些都对年轻人有极强的吸引力，这也是那些生活单调、平稳而悠闲的中小城镇留不住年轻人的主要原因，是中小城镇出现人口净流出的重要原因。而且年轻人只要在中心城市及都市圈生活一段时间后，就再也离不开中心城市及都市圈，习惯成自然了。

第四，中心城市及都市圈确实竞争比较激烈，但是也为人们提供了更多的学习与提升的机会，这对富有挑战性的年轻群体来讲，具有很强的吸引力。人往高处走，水向低处流，向更高的目标奋进与接受新挑战，是人的本性所在，因而中心城市及都市圈有吸引力。

第五，中心城市及都市圈具有极好的医疗与教育资源，社会保障体系较为健全，尤其是教育资源很好，这对孩子教育肯下“血本”的中国人来说，具有很强的吸引力，不少家庭之所以力争落户中心城市及都市圈，就是为了孩子能接受良好的教育。总之，社会保障体系的高水平及健全，是吸引人们走向中心城市与都市圈的重要原因。

第六，中心城市与都市圈一般都有国际直航航线，而且大都有国外领事馆或者各类国际性交流机构，与国际上交流较为方便，这对具有国际交往需求的群体来讲，是有很强吸引力的。尤其是随着人们财富的不断增多，海外游成为趋势，中心城市及都市圈容易满足这种需求。因此，国际化是吸引人们向往中心城市与都市圈的重要原因。

总之，中心城市及都市圈的各种优势资源、高生活品质、繁华及国际化趋向等，都吸引人们不断向中心城市及都市圈聚集，中心城市及都市圈的快速发展，成为中国经济的重要特征与趋势。

二、中心城市及都市圈发展的宏观效应

就宏观而言，中心城市及都市圈发展的意义在如下方面。

第一，经济活动实际上是以人为主体，人口的聚集对增长有重要作用，例如作为拉动增长的“三驾马车”之一

的消费，就是以人口为基数的，人口聚集必然带来消费的增长。当然，对投资也有着庸置疑的有效作用，因为投资最终要建立在消费的基础上，消费及投资最终都离不开人的基数。

第二，中心城市及都市圈的发展为企业的创立及发展提供了良好的基础与条件，因为无论是从人才及市场上看，还是从金融及各种资源配置上看，中心城市与都市圈都是有利于企业形成与发展的最好地方，这对以企业为核心的现代经济来说，中心城市及都市圈对经济增长确实有着极为重要的作用。也就是说，市场主体适合于在中心城市及都市圈中形成与发展。

第三，中心城市及都市圈的投资效益比较高，因为无论是经营性投资，还是公益性投资，投资在中心城市及都市圈都有着很高的回报。例如基础设施投资，这种公益性投资，其效益要远远高于一般的中小城镇，不会出现中小城镇那种基础设施“闲置”的状况，因而基础设施投资要向中心城市及都市圈倾斜，不能搞全国遍地散花。可以说，节约与高效使用资源，是中心城市与都市圈的一大特点，由此带来了中心城市与都市圈的高效益。

第四，中心城市与都市圈在经济发展中有倍数效应，也就是说，经济越发达，人口越聚集，人口越聚集经济越发达，这是社会经济发展的一种良性循环，非常有利于中国的经济增长。中国应该下力气发展珠三角城市圈、长三角都市圈、京津冀城市圈、成渝经济圈以及各类以中心城市为核心的都市圈。可以说，中国如果能多发展一些中心城市及城市圈，中国经济必然就会得以快速发展。有人说，中国如果能再造 10 个上海，中国经济就必然进入发达国家状态。

第五，现代经济发展的重要特征是产业链集群的形成与发展。大家知道，世界产业链已经形成并不断扩张与发展，中国要在世界产业链中拥有重要的地位，就必须不断稳定与扩张自身的产业链集群，而产业链集群形成的重要前提与基础，就是有中心城市及都市圈的发展。没有中心城市及都市圈的发展，就不会有产业链集群的形成。在这次新冠肺炎疫情中，我们发现中国产业链实际上分布于全国各地，没有群体效应，各地疫情的不同情况影响了产业链的正常运转，如果能够形成产业链集群，那么对疫情的控制一定会更好一些，因而中心城市及都市圈很重要。

总之，从宏观上看，中心城市与都市圈的发展是极为重要的。目前在讨论中国经济增长中，有人之所以讲单靠新基建投资还不足以保证中国经济快速发展，而是要更加注重中心城市及都市圈的发展，其原因就在于此。应该说，中国经济的现代化，有赖于中心城市及都市圈的快速发展。

三、中心城市及都市圈发展中要注意的问题

中心城市及都市圈的发展不是随心所欲的，而是要遵循中心城市与都市圈的发展规律，积极而稳妥地推进，不能搞“大跃进”。

第一，不能单纯强调吸引人们落户，而是要考虑提供就业机会。如果不提供就业机会，盲目吸引人们落户，其结果必然会导致有人无事可干，无事可干就必然无事生非，甚至上街闹事，社会经济秩序会因此而混乱。因此，要协调好落户与就业机会的关系，把就业机会作为吸引人口聚集的基础与前提，切不可脱离就业机会而盲目地推进落户。要首先考虑就业机会的发展与扩张，无就业的人口聚集是危险的。

第二，要协调好人口聚集与公共服务的相互关系，例如政府要注重医疗及教育资源的发展，如果没有教育及医疗资

源的发展而只有人口的聚集，就会使有人有病无处可医，有人有孩子要上学却无学可上，其结果只能是引发社会秩序的混乱，因而必须要关注公共与人口聚集的相互关系，切不可单纯强调落户。没有教育及医疗资源这些公共产品的支持，单纯落户就丧失了公共安全的基础，甚至会埋下动荡的祸根。

第三，协调好人口聚集与公共设施建设的关系，公共设施不能滞后，包括文化、体育、休闲、娱乐等公共设施，尤其是要注重公共交通设施的建设，实现出行便利，例如地铁及城际高铁这些快速且具有大载量的交通设施，要特别强化。人口聚集与公共设施是相辅相成的，公共设施越好，人口就越聚集；人口越聚集，公共设施也有可能越好。

第四，要注重城市规划的现代化，绿地面积及水资源、空气质量等要能够满足人们的需求，要使人们具有幸福感，提升城市的幸福指数。在这方面，规划很重要，要强化规划的法治性，中心城市及都市圈的规划缺失，是最为可怕的，必须坚持城市的现代化目标。

第五，在建设中心城市及都市圈过程中，要注意老龄化这个问题，尤其是对退出社会经济活动的退休人员的诸多保障要在城市规划中得以体现。这些人不再上班，但需要健身与医疗，需要休闲，因而为了减少他们出行对城市公共交通的压力，可以在中心城市周边或者都市圈的边缘地带，建设具有休闲退休人员需要的小镇，这些小镇在医疗卫生方面有好的服务，对老人生活及休闲和健康都有保障，同时在交通上也便于子女探望与家庭聚会，这对于中心城市及都市圈的发展是具有意义的，我们一定要注重这个问题。

第六，要处理好人口聚集与房地产业的关系，不能将人口聚集当作发展房地产的需要，从而将房地产作为刺激经济的手段，而是要从住房的刚性需求出发，保证房价及房租有一个适当的水平，尤其是不能将发展中心城市及都市圈当作推动房地产业发展的动力，防止中心城市及都市圈发展中的地产泡沫问题。房价太高及房租太贵，会严重损害中心城市及都市圈的发展，而且会给未来带来巨大的金融风险，因而在中心城市及都市圈发展中要协调好房地产业与人口聚集的关系，切不可试图将房地产业作为拉动经济增长的主要动力，这种趋势是很危险的。

第七，中心城市及都市圈的建设，不仅要注重传统基础设施的建设，例如公路、轨道交通、机场等，而且更要关注新基建。所谓新基建，主要包括三类：一是信息类基础设施建设，包括网络、人工智能、数字化方面的基础设施建设；二是融合类基础设施建设，也就是要用高新技术提升传统基础设施，例如智能交通、智能能源等；三是科创类基础设施建设，例如大型科学装置、实验室经济、科教中心等。总之，在现阶段的中心城市与都市圈的发展中，新基建要成为重要特征，它对中心城市与都市圈的现代化发展有着极为重要的支撑作用，我们应该充分关注。在某种意义上讲，这也是新旧中心城市与都市圈的差别所在。

公众的财富如何保值增值

如中国货币当局按照经济运行情况的需要，即财富增长与流动性需要投放货币，又适当控制央行利率，那么人们的财富就能有应有的保值与增值，在老百姓心目中，国家应该是有信用度的。货币实际上有三重属性：一是财富的表现形式，二是国家信用的标志，三是经济活动的“流动性”，因而国家应该处理好这三者的关系，通俗地讲，既不能出现“钱荒”，也不能出现“钱毛”。

2020 年是中国决胜建成小康社会的一年。虽然突然暴发的新冠肺炎疫情严重影响了我们，但此目标并不会改变。小康社会的重要标志是消灭贫穷，中产阶层占到较高的比例，人们普遍积累起了财富。人们拥有财富之后，最为关注的一件事是自身财富的安全，财富的保值与增值。对巨富阶层来讲，他们最担心社会制度的变化，害怕财富被剥夺，因而有时表现为移民倾向，但对一般老百姓来说，则关注如何通过投资方式实现自身财富的保值与增值。大家知道，中华民族一直有着防患于未然的传统，就是在顺利的时候，也会顾及可能出现的风险及灾难，因而人们一直有蓄存财富的冲动与愿望，在消费上一直崇尚节俭，希望自身的财富能够保值与增值，当然首先是保值。因此，2020年之后，我们要非常关注人们财富的保值与增值问题。

在现代社会经济条件下，除了企业家这个社会群体是通过自身的投资与经营活动而实现财富的保值与增值外，大部分非企业家阶层的财富保值与增值，大致上有如下几个路径。

一、银行储蓄

银行储蓄应该是保值与增值中风险最低的一种方式，当然回报也较低。中国老百姓从防范风险的角度出发，总是偏好将自己的一部分财富存在银行。银行储蓄能否实现保值与增值，取决于利率与CPI的相互关系。如果银行利率实际上是负利率，即CPI的涨幅远高于银行利率，那么人们的财富就没有实现保值与增值，而是在缩水。在市场经济条件下，虽然银行利率是一个市场概念，但因为货币是由国家发行的，国家实际上最终决定了银行利率，无论是美联储，还是中国人民银行，实际上都能决定与把握利率的水平。

货币在现代条件下是财富的最主要形式，而货币又是由国家发行与掌控的，因而货币实际上是一个国家的信用标志。如果货币当局过度发行货币，又持续降低央行利率，那么人们的财富就会缩水，这标志着国家信用有问题了；相反，如货币当局按照经济运行情况的需要，即财富增长与流动性需要投放货币，又适当控制央行利率，那么人们的财富就能有应有的保值与增值。在老百姓心目中，国家应该是有信用度的。货币实际上有三重属性：一是财富的表现形式，二是国家信用的标志，三是经济活动的“流动性”。国家应该处理好这三者的关系，通俗地讲，既不能出现“钱荒”，也不能出现“钱毛”。

在现代金融体制下，银行等金融机构是可以破产的，但这种破产制度的设计，并不是真的希望银行等金融机构破产，而是作为一种无形压力而防止银行等金融机构破产。银行等金融机构如果出现问题，国家就会通过托管、重组等手段而消除风险，防止银行等金融机构破产，因为银行等金融机构破产会引起系统金融风险。因此，老百姓的银行储蓄在某种意义上讲风险最低，甚至没有风险。

银行储蓄是否是负利率的评价指标往往是看利率与CPI的比例，也就是只考虑基础性物价的状况，但如果从资产价格尤其是房价来看，显然银行储蓄在中国几乎一直是负利率，因为中国自从放开房地产市场以来，房价涨了几倍甚至十几倍。因而从房价上讲，中国利率实际上是负利率，这也是人们往往买房而不愿存款的重要原因。但房地产是有风险的，它只有变现之后才能表明是否有较高的收益，这既取决于房地产自身发展状况，也取决于房子的变现能力，也就是流动性的状况。因此，从风险上讲，银行储蓄是风险最低的，但从收益上讲，当然房地产投资是较高的。这里主要取决于对风险与收益的选择，是偏好于收益，还是偏好于防风险。

总之，银行储蓄是老百姓选择的财富保值与增值的重要方式，因而国家应该控制好货币发行，保证老百姓财富最起码不能自然缩水与贬值；同时要加强对银行等金融机构的监管，防止老百姓的财富受损，在中国这个老百姓偏好于储蓄的国家，这更为重要与有意义。

二、股市投资

按照市场经济原则来说，股市投资应该是那些自身不从事企业投资与经营的社会阶层最重要的投资路径，但在中国恰恰相反，人们对股市没有信任感，投资者的数量似乎一直是下降状态。其原因有如下几点。

一是中国上市公司大量不分红，等于是投资者无法获得应有收益，而只能寄希望于股价上涨。炒股票实际上风险较大，尤其是有的上市公司是搞配股或者送股，等于不断摊薄企业财富，老股东只有将获得的更多股票卖掉才能有收益，这实际上是以新养旧的庞氏骗局。

二是中国一些上市公司不注重诚信，搞财务造假，进行欺诈活动。有人刚刚创立公司，就开始千方百计地包装上市，搞IPO、讲概念、讲故事。一旦上市后，就开始掏空上市公司，割中小股东的韭菜，其方式主要有：一是在股价大涨时悄悄地搞减持，套现走人；二是将自己的股票质押，变相套现走人；三是以高价收购自身的资产或者利益相关者的资产，通过利益输送而获得利益；四是自己套现走人，却让上市公司增加银行贷款，将风险留给银行与中小股东，等等。总之，有人要千方百计地掏空上市公司，割中小股东的韭菜，面对这样的上市公司，投资者如何信任股市，当然没有投资的信心与兴趣。

如何才能让股市成为投资者的重要投资场所与渠道？首先要加强改革与监管，形成良好的股市运行机制与监管体制；同时，良好的商业文明、诚信理念、契约精神、法治意识、利己有赖于利他等价值理念要成为社会主流意识，形成良好的社会风气，对各种资本“神话”要进行揭露，从思想深处遏制财务造假及欺诈行为。

在资本市场上，对有些人需要警惕。这些人往往将企业注册在开曼群岛，持有美国或加拿大、新加坡护照，基本上住在香港，但整个经济活动及市场却在大陆，他们容易规避法律的制约与处罚，钻法律的空子与漏洞。

总之，中国需要从整体上打好中国股市的信用基础，增强人们对股市的信任度，将股市变成人们财富保值与增值的重要领域与场所。

三、房地产投资

我们这里讨论房地产投资，并不是指那些以炒房为职业的投资者及机构，而是指普通老百姓因为没有可选择的投资通道而为了保证自身财富保值与增值所进行的投资活动。人们认为银行储蓄赶不上通胀率，股市投资又有较大风险与不确定性，因而选择将自己的一些货币资金投向了房地产，购买了超过自身居住需求即刚需的房产。因为每个人所拥有的财富量不同,因而所持有的非刚需的房产数量也不同。但是,这类购房者的目的都是相同的，通过购买房产而实现财富的保值增值。我曾调研过这个群体，当被问及购房目的时，基本回答都是“不买房投资什么？”

从现实状况来看，自从中国放开房地产市场之后，尤其是自 2000 年以后，确实全国房价一直在持续上涨，只不过是不同地区涨幅不同而已，因而买房的人确实实现了财富的保值与增值，房地产投资的收益远远高于银行储蓄与股市收益，因而人们都认为房地产投资是一个较好的投资方式，只要买房就能赚钱。

但是，房地产投资并不是永远都是较好的投资方式，房地产保值与增值是有条件的,是受房地产的供求关系制约的。其最基本的底线是住房供给不能过多地超过刚需，如果过多地超过刚需，那么就有可能丧失保值与增值的功能。中国之所以自放开房地产业到现在，房地产投资能够具有保值与增值功能，就是因为城市住房一直短缺，住房供给无法满足刚需。但是，随着中国房地产市场二十多年的高速增长，住房供给持续增加，房地产的供求关系发生了重要变化，在不少城市实际上住房供给远远超过了刚需，房地产不再具有保值与增值功能的临界点已经到了。对此，人们要有防范风险的意识才行。

在现实中，判断房地产的供求关系，也就是判断房地产有无保值与增值功能的最主要方式，是要看这个城市的住房供给与这个城市的四个数据的相互关系。

一是住房供给与人口变动的相互关系。如果住房供给增加，但人口属于净流出城市，人口减少快，那么住房供求关系就有可能朝着不利于住房保值与增值的方向发展；相反，如果人口大量增加而住房供给增加不快，那么房地产投资可能会具有保值与增值的功能。

二是住房供给与产业扩张的相互关系。如果产业扩张速度很快，但住房供给速度较慢，那么房地产投资就会更加有保值与增值的功能；相反，产业萎缩而房子供给增加很快，那么房地产就有可能丧失保值与增值的功能。

三是住房供给与公共产品如教育及医疗卫生设施的相互

关系。如果住房供给增加很快，但教育及医疗卫生等公共产品供给不足，那么房子保值与增值的功能就有可能打折扣；相反，教育及医疗卫生等公共产品供给好的地方，房子可能有保值与增值的价值。

四是住房供给与生态环境的相互关系。原则上讲，生态环境比较好的地方，房子的保值与增值功能会更强一些，尤其是生态环境具有天然稀缺性的地方，房子从长远上看，都是有保值与增值功能的；相反，生态环境差一些的地方，房子的保值与增值功能会差一些。

总之，房地产投资能否实现保值与增值功能，要做具体分析。买房就一定能赚钱的时代结束了，买房能否实现保值与增值，是有前提条件的。从上述四点来看，北上广深这类城市房价大跌的情况可能不会出现，但四、五、六线城市房地产投资已经难以具有保值与增值功能了。风险已经形成，投资者需要谨慎。

四、债券投资

在市场经济条件下，债券投资是较为常规性的一种投资方式。债券包括政府债、公司债、金融债等。各种债券因为发行体的不同，因而在风险与收益上有较大差异，投资者需要 根据投资偏好进行选择。

如果从债券的信用状况来划分，债券实际上分为两类：一类是政府债，以国家信用为基础，基本上属于无限责任，只要国家存在它就存在，充其量是展期兑付的问题；另一类是公司债券，它属于商业信用，是有限责任，即以它们拥有的资产为信用基础。因此，前者基本无风险，后者有风险。

政府债在中国分为中央政府债与地方政府债，因为中国是大一统的中央集权制国家，不是联邦制国家，地方政府不可能破产，因而中央政府债与地方政府债在信用度上实际都是一样的，没有太大的差别。政府债因为发行主体是政府，而政府是不会破产的，因而政府债在债券中信用度较高、安全性最强，有时在兑付上可能出现展期，但不可能不还。政府债是以国家信用为基础的。当然，因为政府债风险较小，所以利率也相对低一些，不过，往往会高于银行存款利率。因此，对于那些在偏好上注重防风险而对回报率并不要求过高的人来说，国债是较好的投资方式。中国老百姓对国债有着极大的偏好，尤其是中老年人，因而国债发行日经常看到人们排队抢购，有时几个小时就销售一空。这与人们对政府有极高的信任感有关，认为政府属于无限信用之列。

公司债分为国有企业债与民营企业债，国有企业债又分为一般性国有企业债与政府融资平台债，例如城投债。一般性国有企业与地方融资平台，背后的出资者虽然是相关的政府，但它并不属于政府债，因为它的发行是以公司资产为信用基础的，并不是以政府信用为基础。公司债的发行都以发行主体的信用为基础，也就是其所提供的抵押资产及担保方的资产为基础，是完全的商业信用。虽然公司债都有资产作为抵押，但是因为资产评估受市场变动的影响较大，因而公司债的风险当然要高一些，不过，其收益率要高于政府债，属于收益率高而风险大一些的投资。这对于偏好收益率而并不完全畏惧风险的人来说，是一种很好的投资选择。

金融债是指金融机构的债，例如银行债。金融债区别于一般的公司债，金融债的发行基础是金融信用，往往是以金融机构的业务活动及收益率作为发债基础的，并不完全以资产抵押为信用基础。金融债也具有收益率高而风险大一些的特点。有的投资者对金融债有较高的偏好。

对个人来讲，因为很难与发债机构实现充分的信息对称，因而债券监管机构的作用非常重要，必须做到有关债券信息的真实与公开，对风险与收益的描述真实可靠，并对债券兑付有严格的监管，在公开与真实的基础上，让投资者对风险与收益进行选择。在这里，债券监管机构对债券发行主体的抵押资产的监管及债券兑付的监管极为重要，并要对债券发行主体的违规行为有极为严格的经济与法律惩处机制。

作为投资品，债券是可以流通的，因而债券市场很重要，要形成完善的债券交易市场，将债券市场作为重要的金融市场来培养，形成良好的市场信用与市场交易秩序。

五、黄金与外汇投资

对个人来讲，这是两种较为特殊的投资方式。

在金本位条件下，黄金曾是货币的主要形态，但人类进入信用本位，即以国家为信用本位之后，黄金实际已经退出货币行列。黄金并无实际的使用价值，除了作为装饰品之外，无论在基础消费方面，还是在高新技术产业方面，实际上都没有使用价值，它的价值主要在于作为货币而存在，但一旦不是作为货币而存在，那么它的投资价值实际上很低。有人认为，人类应该重回金本位，才能消除现代央行制度的缺陷，但现在似乎还看不到这种制度的具体时间表。因此，黄金作为避险与保值的功能是有限的，有支付能力也可以做一些投资，但恐怕很难成为主流财富的保值与增值的方式。

外汇投资是重要但又特殊的投资方式，它不仅取决于我国的经济运行及金融状况，而且还受制于国际经济及欧美发达国家乃至世界经济形势及金融形势，尤其是我国汇率并未完全市场化，资本项目也未放开，因而外汇作为个人财富的保值与增值功能，实际上并不显著。个人投资一些外汇用于旅游及孩子留学是必要的，但作为重要的投资方式，似乎没有多大的必要。应该说，外汇是一种数量较小而特殊的避险与投资的工具，对广大公众来说，并不是主要的投资方式。

人们普遍要求保护产权

当前的全面深化改革并不复杂，强调核心的一点就可以了：有效保护产权。产权一旦得到有效保护，资源价格及要素价格自然在市场博弈中走向市场化，利率市场化和汇价市场化自然就能推进，市场决定资源配置也就得以实现。产权一旦得到有效保护，人们自然就会勤劳实干，自然注重长期投资，而不是相互欺诈恶斗，沉迷短期投机。产权一旦得到有效保护，企业家队伍自然形成，人力资本自然回流聚集。

2020年中国进入小康社会，小康社会的重要特征是消灭贫穷，人们都拥有了财产，持有产权，包括房产、各种金融资产、各类实物及股权资产等。虽然人们在产权的持有量上仍然存在着巨大的差距，例如有人在北上广深的一线城市

* 施戍杰博士参加了本篇的写作。

拥有房产，而有人则只是在老家的乡村拥有房产，但无论怎么讲，人们实际上都成为产权的拥有者，有了产权。普遍拥有产权，是小康社会的一大特征。

当人们普遍拥有产权时，强烈要求保护产权就成为社会思潮与社会发展的必然趋势，可以说，保护产权是稳定经济乃至稳定社会的重要举措与治理保障。小康社会与 1949 年之前的那个时代已经不是一个时代。那个时代绝大多数人都是赤贫，人们要求打土豪分田地，革命是时代潮流，而现在人们普遍成为产权的拥有者，社会根基发生了根本性变化，因而保护产权成为社会共识，建设代替了革命。因此，我们必须全方位地保护产权，尤其是私人产权。

一、有效保护产权与提升效率

经济增长的源泉有四个：劳动、物质资本、人力资本与技术。提升效率，就是要充分发挥这四大要素的作用。而中国当前出现的劳动激励不足、物质资本低质、人力资本流失、技术发展滞后等严重问题的深层次原因，就在于产权缺乏有效的保护。因此，提升效率，实现中国经济转型升级，关键是进一步保护产权。

第一，有效保护产权是消除福利主义与民粹主义社会影响的前提，能够形成崇尚劳动的社会风气。

无论是简单劳动还是复杂劳动，无论是生产劳动还是管理劳动，无论是常规劳动还是创新劳动，劳动始终是我们产出经济成果的根本路径。激励个人劳动的，是通过劳动能够获得消费品以增加自身福利。但问题在于，获取消费品的途径却不是仅有劳动。相较于耗费体力与脑力的劳动，另一种方式不增加社会财富却要轻巧得多，那就是侵占他人劳动成果的分利行为。这在当代中国表现为福利主义与民粹主义。福利主义者坐等政府补贴，但政府财政收入不是凭空得来的，其占用的是那些劳动者缴纳的税收。民粹主义者以穷为荣，试图以“劫富济贫”实现自身富有，其实质是假借“革命”之誉而真行动乱之实。这两种思想产生的根源，就是无视他人产权，缺乏产权保护的自觉意识。农村靠自身勤奋努力而致富的人曾形象地说，只有好吃懒做的“二流子”才会忽视产权，在产权上实行“无政府主义”。或许有人会争辩，当前存在一些地方政府通过侵犯个人产权获取财富的情况，存在一些富人违背法律聚敛钱财的事实，“赖”政府的钱、“劫”富人的钱是将百姓的劳动成果归还百姓。这种想法是极端错误的！上述问题绝不是实行福利主义与民粹主义的理由，其产生恰恰源于少数官员与富人对大众产权的侵犯。想要合理化政府收入，使之充分用之于民；想要保证致富者均源自勤劳努力，只能依靠有效保护产权。保护产权是经济制度的范畴，是形成勤劳致富社会意识的重要制度保障。这种制度一旦形成，有助于根除那种不依靠自身勤奋努力而是试图侵占别人产权以实现富有的强盗思维，有助于形成崇尚劳动的良好社会风气。

第二，有效保护产权是践行“两个毫不动摇”的制度基础，能够增进物质资本积累的质量。

虽然新古典增长模型预测，长期经济增长中人均物质资本最终会收敛到稳态值，但在中国的工业化与城镇化远未完成的当下，物质资本积累仍是吸引农村劳动力转移、促进经济转型升级的物质支撑。当前中国经济面临的问题不在于是否积累物质资本，而在于如何增进物质资本积累的质量，让累积的资本更少消耗资源、更多产出商品、更能满足需要。这要求进一步松绑民营经济，进一步改革国有企业，让各类产权形态成为平等的投资主体，在市场竞争中彼此促进、优势互补、共同发展。因此，我们必须毫不动摇地坚持和发展公有经济，毫不动摇地坚持和发展非公有经济。“两个毫不动摇”决定中国经济成为混合经济体制：在宏观结构上，国民经济中既有公有经济，又有非公有经济，共同推动经济持续发展；在微观结构上，企业中既有公有产权，也有非公有产权，共同促进企业经营活动。不同产权在宏观结构与微观结构中的竞争与融合，以及这种竞争与融合所引发的产权边界界定，让平等保护产权成为社会经济生活的核心问题。因此，中国特色社会主义基本经济制度在坚持“两个毫不动摇”时，就应该把平等地保护各类所有制产权作为根本原则。从这一点上讲，有效保护产权是中国特色社会主义基本经济制度的重要构成部分，是中国特色社会主义基本经济制度的应有之义。

第三，有效保护产权是消弭移民潮与维护社会稳定的关键，能够保障人力资本的长久累积。

人力资本是中华民族伟大复兴的关键支撑。历史上的大国崛起总是与人力资本的积累息息相关。例如，英国在18世纪确立霸权，很大程度上归功于因欧洲大陆的种族与宗教迫害而流入的人才。再如，第二次世界大战后美国霸权确立，也在很大程度上得益于因纳粹迫害和欧陆战争而涌进的科学与人文学者。践行中国梦迫切需要第三次世界人才大转移，但中国当前却出现了规模巨大而又隐蔽晦暗的移民潮。移民者大多是财产所有者。由于拥有知识、技术与企业家精神能更容易获得财产，这些移民者也多是人力资本所有者。他们为什么要积极移民？其最主要的原因，并非像一般人理解的那样是为享受发达国家的社会福利，而是担心自己的产权不能在国内得到有效保护。这种非正常移民的后果非常可怕，它造成了物质资本与人力资本的双重流失，同时也动摇了社会的稳定，而社会的不稳定又将进一步削弱物质与人力资本的投资意愿。这是因为，有产者最害怕社会动荡，也是最需要稳定的。在中国，维护稳定的主要社会基础就是那些在四十余年改革开放中受益而积累起自身财富的人。只有保护他们的合法产权，他们才会成为社会稳定的中坚力量。因此，实现中国梦，社会主义基本经济制度就不可能一成不变，就必然随经济发展和社会变革而不断调整和完善。在当前，社会主义基本经济制度应更加注重保护产权，尤其是放松对私人产权的限制。我们必须认识到，经过四十余年的改革开放和经济发展，人民群众普遍希望拥有自己的财产，很大一部分已经成为有产者，人们越来越注重对自身产权的保护。保护自身产权已是民意所向。社会主义基本经济制度应充分反映和体现这种迫切愿望。

第四，有效保护产权是破除“山寨风气”的根本举措，能够推动技术的持续进步。

作为人类社会发展的动力之源，技术的持续进步有赖于四大基础的支撑：知识产权保护的法律基础、研发投资的物质基础、技术市场的组织基础与研发人员的人才基础。其中，知识产权保护是其他三项基础赖以实现的前提。但长期以来，由于对知识产权的实质性保护较软，一出现某款新产品，其他企业便以更加低廉的价格“山寨”。表面上，“山寨”商家获得利润，技术实现扩散，消费者得到实惠。但实质上，“山寨”破坏了技术进步的根基，自主创新的激励严重不足，跟风、模仿、剽窃却蔚然成风，最终侵害消费者的长远利益。第一，缺乏产权保护，“山寨风气”会损害技术研发投入，滞缓技术创新。技术创新是技术进步的源头。但技术创新面临巨大的不确定性，需要不断试错与积累，成本高昂。“山寨”无需创新成本，这是“山寨”商品价格低廉的根本原因。创新企业通过研发投入发明新技术，是为了获取超额利润。没有知识产权的有效保护，利润将就会被“山寨”商家侵蚀。因此，如果谁都可以“山寨”别人的技术创新，企业必然不会下大力气投资研发，而是琢磨如何“山寨”别人的新技术，技术进步就成了无源之水。第二,缺乏产权保护,“山寨风气”会破坏技术市场运行，限制技术扩散。表面上，“山寨”能够更快普及新技术，并通过避免企业“重复性”创新而节约社会成本。但实际上,通过市场传播技术比“山寨”更有效率。一方面，在保护知识产权的情况下，新技术可以在技术市场中流动组合。最为需要也就是最能有效利用某项技术的企业，最有动力向原创企业引入该技术，支付创新成本的价格也最高，从而实现技术资源最优配置。另一方面，一些高精尖产品的技术集成，如芯片、高铁、飞机，无法通过低水平重复的“山寨”来实现,只能依靠市场交易完成各项技术的组合。而如果没有知识产权的清晰界定与有效保护，如果允许“山寨”广泛存在，就不可能存在技术市场。第三，缺乏产权保护,“山寨风气”会弱化研发人员激励,阻碍知识创新与传播。知识产权保护不是设立“秘方”,不是要阻碍知识交流与发展，而是禁止未经授权就采用这些知识去生产商品。如果知识产权得不到有效保护，作为其引致需求的企业与研发人员便难以获得相应的激励，从而难以实现人力资本与物质资本的有效结合。而新知识的创造者也就更不愿意知识被分享与传播，不利于知识创新正外部性的溢出。

二、有效保护产权与促进公平

中国的社会不公平问题日益突出，表现在收入差距拉大、国有资产流失、征迁恶案频发、储蓄资产贬值、民企发展受困、黑恶势力膨胀、贪污腐败蔓延、集资乱象加剧、特权侵犯人权等各方面。这些问题的根结已不是简单的收入分配，而是财产获取权利、财产积累机会与财产交换规则的不平等。促进社会公平必须要交还百姓私权、转变政府职能、约束公共权力，其关键仍是进一步保护产权。

第一，有效保护产权能够将私权交还个人，实现财产获取权利的平等。

当前中国收入差距过大的一个重要原因是财产获取权利不平等，它导致财产性收入出现极化。一个最典型的例子：在法律上归全体民众所有的赢利能力极强的资产，没有能够惠及民众，反而被个别人通过廉价方式攫取并一夜暴富；而普通居民积累的大量金融资产却未能随着经济增长升值，占金融资产比重最大的储蓄存款甚至贬值。居民的金融财富实际是在向垄断金融部门隐性转移，难以实现富有。实现财产获取权利平等的关键是将私权交还个人，这需要产权得到有效保护。

首先，有效保护国有产权，严禁国有经济中的贪腐与国有资产流失，让全体民众享受到国有资产红利。在当前国资委集国有资产监管职能与经营职能于一身的体制下，国有产权的社会职能与赢利职能无法有效区分，从而难以实现对国有产权的有效保护。在这种体制下，国有产权的所谓社会职能，常常成为国有产权实际控制者侵吞国有产权经营收益的掩护与渠道，甚至以此将侵吞国有资产“体制化”“合法化”，从而使全民所有制财产异化成为某个社会阶层的财富来源。应将国有资产经营权从政府系统中分离并上缴国有资产红利，让其所有者——全体人民，能够真正监管全民所有制财产的运营，能够真正享受全民所有制财产的收益。

其次，有效保护农村土地产权，防止地方政府与开发商为瓜分利益恶性拆迁，让广大农民能够切实享受到土地增值收益。这包含两个层面：一是实现农民作为集体成员对农村土地的所有权，与城市土地的国家所有权相对应，实现同权同利；二是实化集体所有而由农民承包的土地使用权，与城市土地的居民使用权相对应，实现同权同利。这要求切实遵照宪法，界定政府与农村土地产权的关系。政府征用农村土地，只应用于公益性建设，且给予足够补偿。而用于非公益性建设的农村土地，政府不能再作为交易主体，只能收取相应税收；农民应成为交易主体且自由进入市场，获取绝对地租与级差地租。

再次，有效保护居民储蓄资产，打破国有金融体系的市场垄断，让亿万储户享受到经济增长中的储蓄收益。作为高速增长的发展中国家，中国应具有高于发达国家的资本收益率。但现实却是，一方面中国居民拥有的庞大储蓄资产的利率极低甚至为负；另一方面有效率的民营企业却融资难，实际贷款利率极高。保护储蓄资产的关键是金融市场去垄断化，消解国有金融体系的垄断利润，让居民的储蓄供给与企业的投资需求有效结合。

第二，有效保护产权能够纠正政府职能错位，实现财产积累机会的平等。

不同产权性质的财产应在市场中平等竞争，由劳动生产率最高的一方实现财产的累积。但现实中，民营经济难以获得与公有制经济平等的资源使用和市场进入条件，造成市场竞争的机会不均等。例如，在政治地位上，政府领导对视察民营企业，常常避而远之；在资金筹集上，国有银行对民营企业贷款，常常苛刻刁难；在法律执行上，税务部门对民营企业收税，常常粗暴任意；在投资经营上，投资审核部门对民营企业投资，常常阻滞干涉。而市场竞争中私人产权与公有产权机会不平等的根源在于，政府总是试图经营产权却并没有把重心放在保护产权上。这是中国当前难以厘清国家与市场、政府与企业、监管与经营、宏观与微观等诸多社会经济关系的最主要原因。政府经营产权的结果只能是政资不分与政企不分，从而导致在产权上由政府经营与非政府经营的经济主体无法实现平等经营、平等竞争、平等发展，对各种所有制产权平等保护实际上就成了一句空话。财产积累机会的不平等会衍生出一系列的社会不公平问题。在政府经营公有产权越位而保护私人产权缺位的条件下，有的民营企业为保护自身财产，不得不依靠非政府力量，结果助长黑恶势力，甚至会形成“黑社会”存在的温床；有的民营企业为获取投资项目，不得不对政府中的一些人行贿，结果贪腐问题日益严重；有的民营企业为筹集发展资金，不得不搞社会集资，结果产生信用与债务乱象。可以说，黑恶势力、贪污腐败、集资混乱等负面社会现象的产生，从经济制度层面上讲，很大程度是由于产权未能得到有效保护所致。而要实现有效保护产权，尤其是平等保护私人产权与公有产权，政府就必须从竞争经营性活动中退出。这其实就是要求彻底转变政府职能，从而倒逼政府体制改革，真正建立起服务型政府。

第三，有效保护产权能够让公众约束公权，实现财产交换规则的平等。

保护产权延伸到政治层面就是保护人权。人权面前人人平等，这是现代人类社会最核心的价值观。但我国目前公众积怨较多的一个重要问题，却是现实中特权的普遍存在，人权往往被特权所侵犯。这一问题的经济根源就在于现实中财产等价交换的规则极易受到破坏。我们知道，财产交换所体现的不只是物与物的关系，也不局限在人与物的关系，而是体现了承载于物中的人与人交往的权利关系。其实，人权的一项基础性内容就是财产权。人人平等参与、平等发展的权利，经济内涵就是获取财产权利与积累财产机会的平等，而这又以财产交换规则的平等为前提。可以说，不保障财产的等价交换，保护人的权利就是奢谈，也就无法实现人与人的平等。那么，谁在侵犯财产的等价交换规则呢？当前，虽然存在私人与私人之间的财产侵害问题，但财产等价交换面临的最大问题仍是公共权力对私人产权的侵害。在中国，公权高于私权、公共权力可以随意侵犯私人产权的社会意识根深蒂固，政府的权力缺乏实际的制约。这就导致公权的实际执行者，以及他们的“俘获”者，具备侵犯他人产权以增加自身利益的特殊权力。也就是，扭曲财产在市场中的交换规则，不等价交换。因此，保障财产等价交换，关键是要实现权力制衡，由公众约束公共权力。我们应卸下一些无谓的“包袱”，公众对公共权力的约束不是西方资本主义的特有产物，而是中国共产党自身的追求目标。早在延安时期，我们党就强调，跳出盛衰治乱周期的关键是让人民来监督政府。公众约束公权的根本举措就是要有效保护私人产权，使其不受公共权力侵犯。这包括三点：第一，实现司法权独立于行政权。第二，由于财产权属于司法权，行政权不能干涉私人财产。第三，司法权自身对私人产权的干预也要求法庭授权。

三、如何在全面深化改革中有效保护产权

当前的全面深化改革并不复杂，强调核心的一点就可以了：有效保护产权。产权一旦得到有效保护，资源价格及要素价格自然在市场博弈中走向市场化，利率市场化和汇价市

场化自然就能推进，市场决定资源配置也就得以实现。产权一旦得到有效保护，人们自然就会勤劳实干，自然注重长期投资，而不是相互欺诈恶斗，沉迷短期投机。产权一旦得到有效保护，企业家队伍自然形成，人力资本自然回流聚集，企业家队伍壮大与人力资本累积是同保护产权的状况成正比的。产权一旦得到有效保护，企业自然投资于技术创新，人才自然致力于创新技术，创新驱动战略就能够实现。产权一旦得到有效保护，财产分配机制自然趋向公平公正，交易双方的利益自然实现共享双赢，人与人之间就能够实现平等包容。产权一旦得到有效保护，政府行为自然会受到约束。政府与市场、政府与企业的权利边界自然会得到清晰界定，转变政府职能、改革政府体制也就能够实现。因此，改革能否完成最深层次的制度保障，统一效率与公平，就在于能否有效保护产权。

那么，怎样才能做到有效保护产权呢？有两大要点：一是建立新的公众意识，二是改革旧的法律体系。

第一，改革理论体系，汇聚尊重产权尤其是私人产权的公共意识，是让产权得到有效保护的思想基础。

改革开放以来，中国公众的产权意识逐步形成但仍然极为混乱。一方面，由于外来的理念冲击与蓬勃的市场大潮，获取自身财富、保护自身产权已经成为广大百姓的共同愿望。另一方面，由于长期的理论宣传和分化的贫富差距，仇恨他人财富、轻视他人产权也成为日渐普遍的大众心理。公众意识的混乱源于理论的纷争与缺失。新古典经济学赋予了公众追求自身财富的合理性，但立足代表性消费者与厂商的一般均衡模型，未能探讨产权的作用机制，也未能预见产权分配不平等的社会后果，无法深刻解释当前中国社会中的各种矛盾。对马克思经济学的传统理解，虽能正确认识到产权分配的根本性意义，并能深刻洞察财产被少数人占有导致的社会矛盾，却只会得出私人产权必然导致两极分化从而与共同富裕相违背的结论。官方意识形态力图运用"主体论"统合前两种思想，既肯定私人产权能够通过个人利益激发效率，从而不断强调提升私人产权地位、释放私人产权活力，却仍然坚持只有公有产权才能推进社会公平，从而公有产权的主体地位不可动摇。但如此一来，保护私人产权就矮化为促增长、增就业、取税收的手段，就局限为阶段性任务，剥夺私人产权仍然是最高的社会理想，民营企业就如同豢养的待宰肥羊。上述理论各有长短、相互僵持，撕裂纷乱公众意识。如果认为自私自利是天经地义，又认为私有财产是源于剥削，那么产生如下的社会心理也就不足为奇：他人财产被剥夺是不必给予同情的，甚至只有剥夺他人财富才能富有自身。这将无法产生有利于私人产权保护的意识形态，也就无法真正有效保护产权。

建立尊重私人产权的公共意识，必须要从传统的意识形态束缚中解放思想，必须要在全面理解马克思经典理论的基础上理论创新。事实上，保护产权尤其是私人产权与共同富裕并不矛盾。马克思深刻洞察产权平等的根本重要性，但平等产权并不意味着只能通过消灭私有制实现财产的共同占有。马克思其实区分了两种私有制：第一种是劳动者与生产资料的直接结合，称为小生产者私有制；第二种是同广大无产者相对立的生产资料少数人占有，称为资本主义私有制。其中，第一种私有制是实现自由与个性的前提，却无法与社会化大生产兼容，最终被第二种私有制取代；第二种私有制创造出巨大的生产力，但导致产权分配的深刻不平等，最终将因矛盾的累积而被“炸毁”。马克思号召的“消灭私有制”，是要消灭第二种私有制，从而在生产资料共同占有的基础上重建个人所有制。因此，违背共同富裕的并非私有制一般，而是一种私有制特殊，即广大劳动者转化为劳动力商品与生产资料少数人占有的严格对立。中国当前保护产权，尤其是私人产权，不是要形成第二种私有制，而是要在社会化大生产中重建第一种私有制。我们应当承认这是可行的。一方面，大生产并不必然取代小生产。市场环境复杂多变，企业管理与计划存在成本，且生产规模越大成本上升越快。因此，每一轮新市场的发现、新技术的发明，更多源自灵活多变的小企业。另一方面，保护私人产权并不必然出现资本与劳动的对立格局。通过实现财产获取权利的平等、财产积累机会的平等与财产交换规则的平等，生产资料的分布聚合将由个人努力程度即劳动决定。因此，不讲前提地说私人产权是罪恶之源、公有产权道德至上是错误的，任何形式的合法产权都是阳光的，都应该被尊重。通过真正形成科学的产权理论，在保护自身产权的同时尊重他人产权就会成为一种公众意识。

第二，改革法律体系，全面并平等地保护各类产权尤其是私人产权，是让产权得到有效保护的制度基础。

产权就其形态来讲，包括物质产权（资源、土地、货币资本、设备及各种生产资料等）、知识产权、劳动产权（个人对自身劳动的所有与支配）；就其功能来讲，包括占有权、使用权、收益权、处分权。有效保护产权就必须全方位地保护产权的各个形态与各项功能。但长期以来，我们对产权的保护，重有形的产权，轻无形的知识产权；在物质产权的保护中，重人为创造物的产权，轻自然馈遗的资源、土地等产权；在土地产权，尤其是农村集体土地产权的保护中，又重占有权与使用权，轻收益权与处分权。这样的产权保护是极不完备的，难以发挥产权的应有作用。十八届三中全会通过的《中共中央关于全面深化改革若干重大问题的决定》（下文简称《决定》），明确要求加强知识文化、自然资源、农村土地三个方面的产权保护。当前推进对产权全面保护，就是要将《决定》落到法律体系改革的实处。

产权就其所有者来讲，包括国有产权、自然人产权、共有产权、法人产权、社团产权、社区产权等。有效保护产权就必须彻底平等地保护各种所有制属性的产权，并将这一原则贯穿于从宪法到刑法和民法的整个法律体系上。但长期以来，我们重公有产权保护而轻私人产权保护，公有产权与私人产权不平等是我国现行法律体系的重大缺陷。宪法是根本法，规定了国家的根本制度和根本任务，宪法领域不平等必然会影响到刑法、民法等整个法律体系的各个方面。因此，当前最核心也最紧迫的，是在宪法领域破除所有制歧视，平等保护公有产权与私人产权。在前文的论述中我们已经知道，这样做并不与共同富裕相矛盾，亦不与社会主义意识形态相背离。习近平在对《决定》的说明中也明确，“改革开放以来，我国所有制结构逐步调整，公有制经济和非公有制经济在发展经济、促进就业等方面的比重不断变化，增强了经济社会发展活力。”我们完全没有必要再在宪法中强调某一种所有制必须居于主体地位，没有必要在让市场起决定性作用的改革新阶段，再为了维系特定的所有制结构而干预、束缚甚至扭曲市场。其实，改革开放以来我们对宪法曾做过多次修订和完善，一些修订甚至是根本性的。例如，紧随 1992 年邓小平南巡，我们在 1993 年通过宪法修正案，将宪法第十五条从“国家在社会主义公有制基础上实行计划经济”修改为“国家实行社会主义市场经济”。这一举措在宪政层面上保障了市场经济，极大鼓舞了中国体制改革的深化与经济高速发展。当前，我们应当也可以在宪法层面进一步释放保护产权的积极信号，也就是对宪法第六条做出修订，模糊掉以公有制为主体这一硬性要求，只强调实现共同富裕的社会主义经济制度属性，提出发展混合经济，让各种经济成分与投资主体平等竞争、相互融合、优势互补、共同发展。

破解目前中国经济治理困局，必须要在全面深化改革中统一效率与公平，其核心点就是有效保护产权。有效保护产权能够形成崇尚劳动的社会风气，增进物质资本质量，累积人力资本，推动技术进步，从而提升效率。有效保护产权也能够实现财产获取权利的平等，财产积累机会的平等，财产交换规则的平等，从而促进公平。在全面深化改革中有效保护产权需要做到两点：一是创新理论，正确认识到保护私人产权与共同富裕的逻辑统一，汇聚尊重产权尤其是私人产权的公共意识。二是改革法律体系，全方位地保护各个形态与各项功能的产权，彻底平等地保护各种所有制属性的产权，尤其要在宪法领域破除对私人产权的所有制歧视。

中国经济如何实现长治久安

交易实际上是以双赢为基础的，是当事者的自愿选择，这种自愿选择的交易表现为契约，因而任何法律必须保护和尊重这种交易，也就是保护和尊重契约。也就是说，法治社会中的民主和法律，必须以尊重契约为基础。法律要保护契约，而且一人一票的少数服从多数的民主，也不能否认契约，而是必须尊重契约。契约是以人性即人的自由选择以及人们之间的共同认可为基础的，因而法治社会必须把尊重契约作为一个重要的核心内容，法律和民主都不能不尊重甚至破坏契约。

2018年与2019年这两年，中国经济下行压力实际很大，不少企业都出现经营困难，甚至破产倒闭或者被政府接管，因而一些人对中国经济的前景甚为担忧。紧接着，2020年初的新冠肺炎疫情几乎逼停了中国经济，停业、停工、停产，这就使得人们对中国经济的未来前景更为担忧，不少人曾经问过我，中国经济到底如何才能实现长治久安？我认为，中国经济长治久安的唯一路径，是建立良好的社会经济体制。因为，中国经济所遇到的风险无非是两种，一个是经济因素引起的，经济因素引起的风险当然是要靠良好的社会经济体制加以规避，只有良好的社会经济体制才具有抗风险的免疫力，规避与化解风险，实现长治久安；中国经济的另外一种风险是非经济因素引起的，例如这次新冠肺炎疫情所引起的风险，这种非经济因素所引起的风险，最终也是要靠雄厚的财力来化解的，没有雄厚的财力，是难以化解风险的；而雄厚的财力的获得，则要靠良好的社会经济体制。由此可见，中国经济要规避与化解各种风险，从而实现长治久安，最主要的是要建立良好的社会经济体制。

什么是良好的社会经济体制？我认为，良好的社会经济体制特征有三：混合经济、市场经济、法治经济。

一、混合经济

从人类社会的近现代史来看，西方社会那种极端的一味追求私有制的社会经济体制，是不能有效保证人类社会的平稳和谐发展的，经常会引起各类经济危机与金融危机，而且伴随着解决危机的极端方式即战争，包括世界大战及各种局部战争。当然，那种盲目追求公有并不切实际地扩大公有范围的传统社会主义经济体制，也无法高效地推动社会经济发展，经常伴随着短缺与供给不足，难以解决温饱问题，甚至出现饥荒与缺衣少穿，社会动荡时有发生。因此，极端追求私有与一味追求公有的社会经济体制，各有其弊，否则，我们就无法理解"二战"后西方世界的各种变革，以及后来的苏联东欧国家的剧变及中国的改革开放。

因此，从世界发展趋势来看，只有混合经济体制，才能有效推动人类社会经济的稳定协调发展。所谓混合经济体制，就是指各种不同经济成分在经济、政治、法律、文化、社会的各个方面具有平等地位，相互竞争又相互融合，共同发展，从而形成了平等、竞争、融合、共同发展的包容性社会经济形态。实际上混合经济是一种制度设置，其目的是调动各种经济成分的积极性，激发各种生产要素的活力，既充分发挥各种经济成分及各种生产要素的独特作用，又能凝聚它们之间的合力，从而保证社会经济高效而平稳地发展。

1. 混合经济形成与发展的关键

混合经济形成与发展的前提与基础，是各种经济成分在理论上、政治上、经济上、文化上、社会上具有完全平等的地位，它们相互竞争，相互融合，共同发展。

在理论上，要承认各种经济成分完全平等，因而原则上不能强调谁为主，谁为辅，更不应该将某种经济成分作为所谓的唯一发展目标，更不能搞所有制歧视，歧视某种经济成分。例如，不能只强调非公有经济的必要性，认为没有非公有经济就没有就业、没有增长、没有税收，但不强调非公有经济的必然性，也就是没有以生产力为标准，没有从只要非公有经济能推动生产力发展，它就有存在的必然性的角度，来认识非公有经济存在的必然性。总之，在理论上要承认各种经济成分的平等地位。

在政治上，要保证各种经济成分的完全平等地位。例如，非公有经济人士只要承认和遵守中国共产党党章，无论他有多少财富，都可以加入作为执政党的中国共产党，我们要将各个方面的精英吸纳入党内。试想，我们如果不将具有经营能力的精英吸纳于党内，怎么才能实现国有企业董事长与党委书记的一肩挑，实现党对国有经济的领导？再例如，非公有经济人士可以按规定参加各级人大与政协的工作，从而能有效参与社会治理，等等。

在经济上，要实现各种经济成分的平等地位，无论是在资源配置上，还是在投资经营方向的选择上，所有经济成分是平等的。例如在融资活动及投资范围上，不能搞所有制歧视，银行贷款不能以所有制为标准，只给国有企业贷款而对非公有经济搞各种方式的卡压，更不应该不允许非公有经济投资某种领域，从事某种经营活动。总之，在经济上各种经济成分应该具有平等地位。

在法律上，各种经济成分要拥有平等法律地位，法律不能偏护某种经济成分而歧视某种经济成分，不能将所有制性质作为判案的标准。例如，不能将非公有经济在与国有经济合法竞争中获得的利益，当作侵吞公有经济来对待；更不应该将国有经济非法侵占非公有经济财产作为合法行为，在法律上放任国有经济对非公有经济财产的侵吞。总之，在法律上各种经济成分是完全平等的。

在文化上，要承认各种经济成分的平等性，不能宣扬公有财产高于私人财产的理念，似乎只有公有财产才具有公正性，当然，更不能对非公有经济搞道德绑架，认为只有公有财产才是高尚的，把人们合法追求私人财产的行为简单地称为自私自利。实际上，任何人都有在合法条件下追求自身财富增长的权利，不能在文化上将所有合法的逐利行为都划入另册，盲目强调大公无私。从伦理道德上讲，在公私分明、不损公肥私的条件下，人们完全可以追求自身的利益，逐利行为不能笼统地被称之为不高尚。

在社会上，不能宣扬仇富心理，财富本身没有错，问题在于获取财富的方式与手段以及持有财富的人的水平与素质。如果财富会使人与社会变坏，那么我们还搞什么经济发展？因此，要正确对待财富，问题不在于财富本身。如果财富在社会上没有地位，到处是为富者一定“不仁”的理念，反对人们合法地去追逐财富，那么非公有经济就不可能有社会地位，当然最终不可能实现混合经济。

2. 混合经济的发展形态

在现实社会经济发展中，混合经济实际上是千姿百态的，但最主要的是以下几种形态。

第一，产业特征与不同经济成分优势“吻合”而形成的混合经济。

各个产业及行业都有着自身的特征，不同经济成分也有着自身的各自优势，特征与优势在现实中形成了“吻合”，从而使整个社会表现为混合经济形态。例如，那些投资规模巨大、投资周期长、短期无回报、风险较高，但社会又必需的产业及行业，实际上是不适合于民营经济投资的，适合于国有经济投资与经营；又例如，技术创新非常需要的基础研究、拥有大型科学装置的实验室经济，需要有国有经济的投资，它们能为民营经济的技术创新搭建应有的创新平台；等等。总之，有些产业与行业的特征，决定了它们需要有国有经济的投资，国有经济本身优势适合于它们的特征。相反，有些产业及行业恰恰适合于民营经济投资与经营，例如投资额不大且投资周期不长、回报与见效都很快且风险较小的产业及行业，非常适合于民营经济投资与经营，诸如餐饮业、旅游业、家俱、家居、家电产品，中小银行及各种中小金融机构，商事服务业，消费服务业，等等。因此，各个不同经济成分以自身优势与各个产业行业特征实现了高度“吻合”，从而形成了整个社会形态的混合经济。

第二，分工协作细化引发的混合经济。

在现代生产力条件下，分工协作越来越细化，外包方式成为重要的经济发展趋势。例如，有的企业将自己的零部件委托给别人制作，有的企业将自己的某个经济活动委托给别人经营，等等。这种趋势为不同经济成分的混合带来了新的机遇，几乎所有产业链中都经常有不同经济成分的身影，例如，航天器与航空器的制造似乎都是国有经济在经营，但是零部件配套及各种服务性活动中，民营经济都占有了不少的分量；又例如，在高铁、现代船舶、核电、特高压、数控机床、高端材料等产业与行业中，都有非公经济以各种方式参与其中。因此，分工协作的高度发展，为混合经济发展带来了深厚的生产力基础与现实需求动力，混合经济是现代生产力的必然选择。

第三，股份制方式形成的混合经济。

股份制是现代社会经济发展的必然方式，它无论是在融资快速化与巨大化方面，还是在分散投资风险方面，或者是在提高经营效益及调整经营规模与转变经营方向方面，乃至推动重组并购方面，都具有自身的优势，因而股份制经济是社会经济发展的必然趋势。正是股份制经济的发展，为混合经济带来了坚实的基础与无限的空间，任何经济成分都可以在股份制制度设计下进入任何领域及产业行业的投资，尤其是公众股份制企业上市所形成的股市，为各种经济成分都带来了混合的通道与条件，而且股份制方式的混合经济还可以通过股市投资而走向世界性的混合经济，因而股份化的混合经济将成为混合经济的重要组成部分。

二、市场经济

现在讨论市场经济，当然是指现代市场经济。大家知道，人类社会经济发展的实践表明，完全自由放任的市场经济是不能保证社会经济平稳与高效发展的，往往会引发经济危机及各种金融危机，甚至引爆全球性战争和局部战争。当然，高度集中的计划经济也不能保证社会经济的平稳与快速发展，往往会使社会经常处于严重短缺甚至温饱无法解决之中，因而社会经济发展的唯一正确道路是实行现代市场经济。

何谓现代市场经济，就是指市场在资源配置方式中起决定性作用，同时更好地发挥政府作用。也就是说，关键是要处理好市场与政府的关系。在资源配置基本上是靠市场来完成的基础上，政府的作用仅仅限定在以下几个方面。

1. 政府最重要的职责是防范与化解社会经济发展中的各种风险

社会经济发展中必然会遇到各种各样的风险，包括经济因素引起的风险，例如经济危机与金融危机等，也包括非经济因素引起的风险，例如我国这次所遇到的新冠肺炎这种公共卫生事件，就属于非经济因素引起的社会经济风险。

面对各种风险，政府的职责就在于加以防范与化解。例如，宏观负债率如果过高，政府就必须要有效降低宏观负债率，不能让它演变为系统性金融风险；再例如，某些金融机构诸如银行、保险公司、券商等金融机构如果出现问题，政府就必须以托管等方式解决其问题，不能让其演变成为系统金融风险。虽然金融机构从法律上讲是可以破产的，但这主要是为了增加其有效经营的压力，在现实中不可能放任地让银行或保险公司破产，而是要托底，不能形成系统性金融风险。近年来对安邦保险、包商银行、恒丰银行等金融机构所发生的问题的处理，就充分体现了政府托底的政策。中国民营经济排在第二位的海航的债务风险的处理，也反映了政府对经济因素所引起的经济风险的托底政策，目的是不能引发系统性金融风险。

2019 年年终与 2020 年初发生的这场新冠肺炎疫情，对各国政府应对非经济因素引起的风险的能力是一场大的考验。中国政府之所以能够在最短时间内控制疫情，并且能以最低的死亡率来降低疫情对生命的损害，并且在疫情高峰过后能尽快复业、复产、复工，就是因为中国政府在这方面具有很强的能力，虽然也有教训，但总体上是有效地应对了这场风险。相反，有些发达国家虽然拥有巨额的财富，但却并未能有效应对这场非经济因素的风险，就是因为它们在这方面实际上是有体制缺陷的，不能不说它们并未形成良好的应对非经济因素所引起的风险的体制与能力。

总之，在现代市场经济条件下，市场在资源配置中起着基础性作用，但政府必须拥有防范与化解各种风险的职责与能力。

2. 政府在社会经济发展中的地位与作用发生了巨大变化

这主要表现为以下方面。

第一，政府不再是资源配置的主体，资源配置的主体是市场，即使是政府涉及的资源配置，也要在方式上走向市场化，即采取拍卖、招标、采购的方式进行。

第二，政府不再是经济建设的中心，经济建设的中心是企业，政府是社会公共管理主体。作为公共管理主体，其职责主要是稳定宏观经济，提供公共服务，保障民生，防范和化解各种风险，维护公平公正的竞争秩序。

第三，政府不再实行审批制，政府全面转向备案制与负面清单制，政府只负责公布准入条件与负面清单，选择权交给企业，政府重在事后监督。

第四，政府将企业体制选择权与投资经营权交给企业，企业有权选择自身的体制设置，也有权选择自己的投资方向与规模。政府在这些方面全面退出，让企业成为主场主体。

第五，政府与企业都是建立在法律基础上的两大社会组织，企业拥有独立法人权，政府不参与经营，只是维系市场经济规则，构建市场体系，维系市场机制，是市场运行的守护人。企业依法经营，政府依法管理，政企之间没有上下级领导关系，而是一种“博弈”关系，企业可以依法起诉政府，政府也可以依法起诉企业。

3. 政府引导与校正社会经济的主要方式是实施宏观经济政策

现代市场经济强调市场在资源配置中起决定性作用，但并不是说对市场可以完全放任不管，还是要更好发挥政府对社会经济的引导与校正的作用。当然，政府的这种作用不是对经济进行直接的行政干预，而且通过宏观经济政策而实现自身的作用。宏观经济政策主要包括如下内容。

第一，货币政策。在现代经济条件下，货币既要保证经济顺畅运行的“流动性”，又是人们财富的主要表现形式，也是国家信用最主要的标志，因而货币政策的运用既不能出现“钱荒”,更不能出现“钱毛”。前者会使经济无法顺畅运行，后者则会使人们财富缩水与国家信用受损，最终都会使社会经济出问题，甚至会引发社会的动荡。货币政策虽然可以灵活并进行逆调节，但必须保证其稳健性，坚持 M2 增长速度与社会融资规模及 GDP 增长速度相适应，避免货币政策的过度宽松或者过度紧缩，从而保证避免社会经济的大起大落。

第二，财政政策。在现代社会经济条件下，财政政策基本上要坚持三个原则：一是坚持公共财政方向，原则上不搞经营性财政，将公共财政预算与国有资产经营预算能够彻底分开，进入公共财政预算的国有资产收益作为公共预算支出来管理，公共财政收入原则上不进入国有资产经营预算，更不能用它对国有资产经营预算搞各种变相补贴。二是积极财政政策虽然可以适当提高赤字率，扩大借债规模，但必须考虑财政还债能力，使中央政府及地方政府的债务增长速度与GDP增长速度相适应，其在GDP中所占有的比重必须得到有效的控制，不能超过人们所共认的正常水平。三是政府债务与非政府债务必须明确划定界限，例如政府财政债务与城投债不能混为一谈。城投债原则上不能作为政府债务，虽然城投债有的也运用于某些公共产品投资，但借债主体有根本性质的不同。政府债的主体是政府，城投债的主体是国有公司。虽然国有公司的最终出资人也是政府，但是它与政府有根本的不同。它实行的是公司法，是以其所拥有的资产为信用上限的，是有限责任公司，是可以破产的，但我国是中央集权式政府体制，中央政府及地方政府是不可能破产的，因而其债务具有续存性。四是财政政策的预算、税收、债务这些财政政策工具应该随着经济发展而不断改革，形成适合于现代经济要求的体制，满足现代经济发展的需要。

第三，产业政策。政府产业政策不是要直接干预企业的投资经营选择，而是对企业的投资经营选择发生引导作用。国家根据自身在产业走势上的宏观眼光，以及超脱具体利益约束的全面性认知，从预期上为企业的投资经营活动提供超前性引导，对保证经济平稳运行是有非常重要的作用的。例如，就目前来讲，包括新能源、新材料、生命生物工程、信息产业及新一代信息产业、节能环保、新能源汽车、人工智能、高端装备制造在内的战略性新兴产业具有巨大发展潜力，包括消费服务业、商务服务业、生产服务业、精神服务业在内的服务业具有很大的发展前景，包括航天器与航空器制造、高铁、核电装备制造、数控机床、特高压输变电装备、现代船舶与海洋装备制造等在内的现代制造业有很旺盛的需求等等，政府产业政策在这些方面对企业投资经营进行适当的导向是非常需要的，可以帮助企业减少不必要的投资失误。总之，要有良好的产业政策。

第四，国际收支政策。国际收支政策的重点是调节国内经济与国际经济的平衡，主要包括三个具体政策：一是贸易政策，主要调节国际收支的贸易项目，即进出口，包括进出口关税政策与出口退税政策；二是资本政策，主要调节资本项目，包括外资政策与对外投资政策；三是外汇政策，主要调节外汇变动，包括汇率政策与外汇储备政策。国际收支政策总的指导思想是以我为主，协调中国经济与国际经济的关系，使中国在全球化的趋势中得以平稳持续地发展。

第五，社会政策。社会政策是国家要从宏观上对社会经济生活托底，确保社会经济生活中的公共产品能实现有效供给，从而稳定社会经济生活，其主要内容包括：一是教育政策。教育分为义务教育与非义务教育，义务教育总体上要由国家承担，当然也允许市场化的存在，而非义务教育则依靠个人、国家、市场（如助学贷款）、社会（如教育捐赠）共同来完成。教育原则上不讲产业化，应该具有产业与事业相结合的特点。二是医疗卫生政策，核心是要有效提供医疗卫生产品及服务，涉及医护团队、医院病床、医药、医疗设备等。从效率上讲，医疗产品服务的供给应坚持市场化方向，例如医护人员收入要市场化，但国家也必须将医疗产品及服务作为重要的公共产品，加大对医疗产品及服务的投入，使医疗产品与服务在供给上实现市场化与公共产品相结合，同时，国家要提升人们对医疗产品及服务的支付能力，发挥好个人（像参加医疗保险）、国家、市场（像医疗商业保险等）、社会（像医疗捐赠等）的各自应有作用，从而共同增强人们对医疗产品及服务的支付能力，实现有病就能医的目标。三是社会保障政策，主要是养老金支付及失业救济金支付，这涉及个人及企业的“三险一金”的交纳。同时，国家也要注重投入，从而实现老有所养，失业救济金有保障的目标。

三、法治经济

何谓法治经济？法治经济虽然首先表现为一套法律体系，但不能认为凡是具有一套法律体系的经济，都可称之为法治经济。例如，封建社会也有一套法律体系，但不能将封建社会的经济称之为法治经济；又例如，我国改革开放前也逐渐形成了一套法律体系，但我国改革开放前的经济不能称之为法治经济。法治经济是有着自身的内在的特殊规定性的。法治经济充分反映和体现了市场经济与混合经济的内在要求及基本原则，并将这些内在要求及基本原则转化为法律形式，以法律形式贯彻与维护这些内在要求及基本原则，从而使市场经济与混合经济表现为法治形式的经济。因此，法治经济可以看作为是以法治形式存在的市场经济与混合经济，是市场经济与混合经济的法治化形式。市场经济与混合经济的内在要求及基本原则外化为一套法律体系，这套法律体系强制性地维护与贯彻了市场经济与混合经济的内在要求及基本原则，从而有效地推动了市场经济与混合经济的发展。由此可见，法治经济与市场经济、混合经济共同构成了现代社会经济体制，是现代社会经济体制的重要构成部分。

1. 法治经济的核心内容

如前所述，法治经济实际上是市场经济与混合经济的法律表现形式，反映与体现了市场经济与混合经济的内在要求及基本原则，因而法治经济的核心内容主要有四。

第一，尊重权利。

这里所讲的权利，就是指市场经济与混合经济赋予各个经济主体的“天然”的应有权利。所谓“天然”的应有权利，就是指这种权利并不是通过所谓的一人一票，少数服从多数的民主方式而授予的权利，而是各经济主体天然就有的权利。这种权利是什么权利？就是各个经济主体都有着平等追求自身经济利益与维护自身经济利益的权利，以及与此相应的各种权利，这些权利就自然人而言就是人权的经济实现形式，就企业而言就是独立法人权及相应的权利。

大家知道，就自然人而言，其最高的权利当然是人权，而人权在经济上表现为追逐与维护自身利益的权利，择业与就业的选择权，经济活动的地域选择权，创业与投资的选择权，等等，这可以看作是人权的经济化，也可以称之为经济人权。

也就是说，任何人一出生就必须享有人权。这种人权并不是法律赋予人类社会的，而是人类社会赋予法律的。法律必须体现人权的意志和要求，必须要保障人权。如果法律不体现人权和保障人权，甚至无视有些人的人权，那么轻者说它是侵犯人权，重者说它犯了反人类罪，因而无论这种法律是以民主方式而形成的大多数人的共识，还是某些人的自身行为，都是有悖于法治社会原则的。正是因为尊重人权是具有“天然性”的人类社会的必然要求，因而尊重人权并不是由法律来决定的，而是人类社会赋予法律的任务和职能，法律必须要反映人权要求和保障人权。从这点上讲，尊重人权是“超法律的”，是法律不能改变和破坏的，法律必须要遵守和保障人权。例如，当一个人已无法经过自身努力而获得生存条件时，社会就必须要救助，并且要在法律体系上真正体现救助，这是人权所赋予法律的责任和职能，而并不是由法律来决定要不要救助。法律所能决定的，是如何更好地救助，以何种有效方式救助，而不能决定要不要救助。因此，从这一点上讲，人权要求决定了法律体系，人权赋予了法律的责任和义务，而不是相反。

就企业而言，市场经济与混合经济“天然”地赋予它必须拥有的权利，包括独立法人权，企业体制选择权，投资经营权，要素配置选择权，经营活动的地域选择权等等，这可以看作是法人权利的经济化，也可以称之为经济法人权。上述的自然人或者法人所必然拥有，也必须拥有的权利，需要强力的维护与保护，这种强力，主要是指法律体系，例如公司法等。以法律形式而维护与保护的经济，就是法治经济。

因此，法治经济最主要原则之一，就是尊重权利。如上所述，这里所讲的权利就是指市场经济与混合经济所赋予的各经济主体拥有的“天然”的权利，因而所谓尊重权利，就是指任何经济主体，无论是自然人还是法人，都有追求自身经济利益与维护自身经济利益的平等权利，凡是市场经济所赋予的各经济主体的“天然”权利，各经济主体都有资格平等地享有，绝不能在就业及经营活动上的选择上搞歧视，例如农村人不能像城里人那样选择自身的就业，民营企业不能像国有企业那样选择自身的经营范围与投资方向，农村人与民营企业自身应有的权利受到不平等的限制，从而存在着严重的权利不平等。因此，必须推动经济及法律体系的改革，真正平等地尊重权利，实现法治经济的公平公正原则。任何自然人及法人都不应该有等级标签，不能在权利上分为三六九等，否则，将是严重违反法治经济原则的。

第二，尊重规则。

在市场经济与混合经济条件下，社会经济活动的最高原则是利益原则，最基本关系是利益关系，也就是各个社会经济主体，无论是个人或者法人，还是群体或者组织，都有权利追求自身利益并维护自身利益。这种对自身利益的追求与维护，虽然也表现为相互之间的利益妥协与平衡，但核心是相互之间的竞争，利益妥协与平衡也只是竞争基础上的妥协与平衡。竞争并非是社会经济的负面因素，它恰恰是社会经济活动活力的源泉,是推动社会经济发展的强大动力。当然，这种竞争只能是有序竞争，是体现公平正义的竞争。如何实现有序的竞争与公平正义的竞争？首先是要共同制定大家都认同的规则，有时俗称游戏规则，人们必须遵守这些共同认可的规则。当然，这些大家都认同的规则的执行，并不能仅仅靠人们的自觉，而是要有强制性，表现为强制性的以法律形式出现的大家认同的经济规则，就是法治经济。例如，证券法就是将人们在证券投资中所共同认可的规则以法律形式表现出来，银行法就是将人们在银行运作中所共同认可的规则以法律形式表现出，等等，因而法治经济的核心内容之一，就是认同规则，以法律形式表现的人们共同认可的规则约束与引导着经济主体之间的竞争，使竞争成为有序竞争与公平正义的竞争。

也就是说，所有社会经济主体的经济活动都建立在人们认同的规则上，这些规则又以法律形式，表现为完善的法律体系。人们依法获取与维护自身的经济利益，各经济主体之间的利益纷争都以法律为准绳，违法者会被法律所严惩，任何经济主体不能超越法律的框架与约束。

在混合经济与市场经济中，任何参与的经济主体都是依据人们共同认可的规则而从事经济活动的，但依规行事并不能完全依靠自觉，而是具有强制性。这种体现混合经济与市场经济要求的强制性，就是法治经济。

第三，尊重财产。

所谓尊重财产，就是任何经济主体都不能侵犯别人的合法财产，在财产权上任何经济主体都是平等的。政府不能侵犯自然人或者法人的财产，国有企业不能侵犯私人及民营企业的财产。在财产问题上，没有什么公有财产高于私人财产的问题，没有国有财产高于民营财产的问题，所有合法财产都是平等的。政府侵犯自然人财产与民企财产，国有企业侵犯个人与民企财产，是严重违反法治经济原则的，必须要坚决纠正。

也就是说，任何人和机构，甚至包括国家，也不能随便剥夺某些个人或者某个群体的合法财产。合法的财产是不能侵犯的。而且，任何财产都具有平等性权利，没有一种财产权超过一种财产权的说法，例如可以讲国家利益高于个人利益，但不能讲国有财产高于个人财产。尊重财产是人类社会的内在要求，是人类社会赋予法律的责任和义务，法律必须尊重和保护人们的财产，这是法律的核心内容。也就是说，不是法律规定并要求人们必须尊重财产，而是人类社会和财产本身要求法律必须体现和反映尊重财产的要求，要求法律必须平等地保护各种合法财产。因此，对合法财产的保护，是法律的天然职责和功能，任何人都不能通过一人一票的少数服从多数的所谓民主原则，形成剥夺别人合法财产的所谓法律。因为这种法律似乎体现了民主原则，但它却违反了人类社会本身的内在要求，颠倒了人类社会本身的内在要求和法律的应有关系。人类社会的内在要求决定了法律，而不是法律决定人类社会本身的内在要求。因此，从这一点上讲，尊重财产是“超越”任何法律体系的，即法律不能决定剥夺任何人或机构的合法财产，而只能是以维护各类合法财产为己任。为什么法律必须保障合法的财产？因为人类社会的实践表明，任何无视甚至随意剥夺别人财产的行为，都会破坏生产力的发展，不利于人类社会的进步。因此，在这里，一人一票的少数服从多数的民主原则是行不通的，民主是不能以法律形式剥夺别人合法财产的，否则，就会出大问题。最近我们给一家民营企业员工发了一个调查问卷，其中有一个问题是，你如何看待你们老板收入高，如何对待这种高收入？结果是，收到问卷的80%人竟然回答，“因为老板剥削了我们，最公正的方法是平均分掉他们的财产”。试想，在这种情况下，我们要以一人一票的少数服从多数的民主方式来对待这个问题的话，那么“老板”肯定是少数，因而在一人一票的少数服从多数的民主方式下来制定不尊重财产的法律，那么其结果当然是可想而知了。在这种条件下，生产力如何发展？因此，尊重财产是人类社会的内在要求，无论法律是以何种方式形成，是以强制的方式还是民主的方式，都不能把随便剥夺别人的合法财产作为内容和规则。中国宪法关于平等保护各类合法财产的条文，以及《物权法》的实施，正是体现了法律必须尊重财产的法律精神。

第四，尊重契约。

在市场经济与混合经济条件下，任何经济主体之间的利益关系，都以契约方式而存在，都表现为契约。例如，就业雇佣合同，产品与服务的买卖合同，租赁与债务合同等等，甚至机票及高铁票等也应看作是服务方与乘客之间的合同，也是一种契约。所谓契约，就是双方的共同认可，无论这种认可是基于何种原因与方式，是自愿还是不自愿，但只要合法,那么这种共同认可就是契约。既然是契约,是共同的认可，就必须遵守。遵守虽然有赖于当事者的自觉性行为，但更需要外部的强制，这种强制就是法治。因而法治是契约的外在实现形式，即法律形式。反映和体现契约要求的法治，就是法治经济的重要内容。

所谓尊重契约，就是指法律必须保护当事人在法律基础上的自我选择，一旦人们之间就某种问题达成了契约，即形成了共同的认可，那么法律就必须保护这种契约。在现代市场经济条件下，人与人之间日益深入的分工协作关系往往都会以交易方式表现出来，而交易方式得以运作的基础和前提就是契约，也就是当事人对这种交易的各个方面都取得了共识和认可，因而都要遵守和共同实现这种契约，法律有责任和义务来确保这种契约的实现和贯彻。尊重契约实际上反映的是社会的信用程度。如果人们都不遵守契约，也就是社会缺乏信用，那么在信用缺失的条件下，社会经济秩序就一定是混乱的。因此，尊重契约是社会经济秩序的基础和最基本条件。正因为如此，法治社会的最基本内容之一，就是保护契约、尊重契约。现代人类社会中每个个体的自由选择，都必须以尊重当事人的利益和以当事人的认可为前提，因而人们之间实际上是一种利益之间的互换，即人们常说的交易。交易实际上是以双赢为基础的，是当事者的自愿选择，这种自愿选择的交易表现为契约，因而任何法律必须保护和尊重这种交易，也就是保护和尊重契约。也就是说，法治社会中的民主和法律，必须以尊重契约为基础。法律要保护契约，而且一人一票的少数服从多数的民主，也不能否认契约，而是必须尊重契约。

契约是以人性即人的自由选择以及人们之间的共同认可为基础的，因而法治社会必须把尊重契约作为一个重要的核心内容。法律和民主都不能不尊重甚至破坏契约。人类社会进步的重要标志是个性的自我选择程度越来越宽泛，而这种个性的自我选择又以当事人的共同认可即契约为基础，所以法律必须反映这种社会进步，尊重契约。尊重契约等于尊重个性的自我选择，尊重社会进步。因此，法律以尊重契约为基础。

契约是当事者的自主选择，是共同认可，因而一旦确立就必须遵守，不能随便推翻，这是法治经济最重要的内容。我们经常讲的契约精神，实际上就是法治精神。愿赌服输虽然叫起来不那么好听，但确实是契约精神的准确而通俗的表达方式。因此，法治经济必须尊重契约，无论是个人、政府还是企业，都不能毁约，若毁约，就必须接受契约已定的惩罚。现在有些人买了房子，而且证照齐全，但却因为政府某些部门或者开发商失误而使房子成为违建，要被拆除，这种因为政府某个部门及开发商违反契约的状况，当然要由违约方赔偿，不能随便侵犯购房者的权利，这是契约原则所决定的。

2. 法治经济的基础

法治经济的基础是法律面前人人平等，所谓法律面前人人平等，就是指法律一旦实施，任何人或机构，包括政府机构，都必须遵守法律，依法办事。如果完善的法律体系没有贯彻法律面前人人平等的原则，那么法律体系越完善，就距离法治社会越远，因为它在破坏着法治社会的根本。因此，从这一点上讲，法律面前人人平等，是法治社会的基础，我们在现实中必须坚持这个原则。就我国的现实情况来看，虽然法律面前人人平等原则的实现涉及多方面问题，但有四种关系必须处理好。

强势利益集团和法律的关系

在多元化利益主体存在的社会里，利益集团的存在是必然的，但是任何利益集团都必须遵守法律，任何利益集团都不能超越于法律之上，尤其是强势利益集团。强势利益集团既包括拥有较强财富力量的集团，也包括拥有某种垄断地位或话语权的集团，例如媒体等。强势利益集团往往会利用自己某些方面的力量，影响法律公正，为自身利益服务，因而法律面前人人平等原则的贯彻，一定要将防范强势利益集团危及法律公正作为重要任务，加大对这方面的执法情况的监督，其中最主要的是提高执法情况的透明度，实现信息对称。因为强势利益集团影响法律公正的手段往往是暗箱操作，所以只有增强透明度，才能防范强势利益集团对法律公正性的影响。在多元利益主体存在的条件下，各个利益阶层及利益集团寻求自身利益和保护自身利益是很正常的，正是因为它们各自寻求和保护自身利益，才形成了一种利益上的均衡和相互制衡。这种均衡和相互制衡就是和谐，但问题是所有这些行为都必须以遵守法律为前提，任何人不能超越和不遵守法律，尤其是对于强势集团来讲，更应该如此。

行政权力和法律的关系

行政权力往往拥有无视法律甚至破坏法律的某些“天然优势”，尤其是在我国这样一个“官本位”极强的国家，这种“天然优势”就更加强大。因此，要坚持法律面前人人平等的原则，就必须加大对行政权力的约束。在我国的违法事件中，行政违法的比例很高。而且这种行政违法往往打着“合法”的幌子，以“经济发展”和所谓“民意”为理由。最近看到一篇报道，说某个地方官员公开讲：“别老是用法律压人，如果什么都按法律办，那什么事都干不成，经济怎么发展，老百姓怎么富有？”这种无视法律的“法盲”，之所以敢于公开这样讲，就是因为我们对行政以法为本的原则坚持不够，对行政权力的法律约束不够。现在人们对行政不作为较为关注，有各种考核指标，但对行政不依法关注不够，甚至对那些违法性的所谓“有利于经济增长”的行为能够容忍，甚至赞扬，似乎只要能带来 GDP 增长，违法也是可以的。当然，这里也有一个法律是否合理的问题，尤其是在我们这样一个转型国家，这种问题比较突出，例如原来我国宪法明文写着我国实行计划经济体制，因而我们在未修改宪法前所搞的市场经济的改革探索，似乎也有违法之嫌，但这种情况总体是少数，而且这种情况不属于行政违法问题，而是人们在实践中对不合理法律的校正。正因为如此，所以我们认为在我国防范行政违法是个复杂问题，需要我们下大力气解决。应该看到，大量的行政违法，其背后都是为了某些个人利益和某些利益集团的私利，其结果必然是破坏社会的公平正义，因而必须严格查处。

党和法律的关系

这里所讲的党与法律的关系，是指作为我国执行党的共产党与法律的关系。共产党领导全国人民建立了新中国，因而似乎作为执政党的共产党就可以凌驾于法律之上，实际上共产党作为执政党，照样不能超越法律，必须遵守法律。以党代法，把党置于法律之上，是我们党过去犯错误的重要原因。因此，问题并不在于是否是一党执政，而关键是要处理好党与法律的关系，也就是党绝对不能凌驾于法律之上，不能以党代法，因而作为执政党的共产党，也要在法律的框架下活动，依法办事。

弱势群体和法律的关系

弱势群体并没有任何影响法律的力量，因而似乎探讨弱势群体和法律的关系是个奇怪的问题。其实不然，在我国，由于各种原因，弱势群体也会以违法的形式而将自己凌驾于法律之上，不遵守法律。例如大街上乱摆摊的小摊小贩，以及行乞的人，往往不遵守有关法律，和执法部门搞猫捉老鼠的“游戏”。我国是具有“流氓无产者”的社会基础的，“要钱没有，要命有一条，我是无产者我怕谁”的观念甚强，因而有人经常以此种方式无视法律，因为穷而将自己凌驾于法律之上。尤其在我国目前公众浮躁心理极为严重的条件下，这种情况更加具有危害性。因此，法律既要将保护弱势群体作为重要任务，但也要宣传法律面前人人平等的原则，任何人都不能以各种理由而无视法律。穷并不可怕，我们会想办法使人们走向共同富裕，但不能因为穷而无视法律，甚至超越法律。

3. 法治经济的关键

法治经济的关键是司法公正。司法公正既是法治经济的重要内容和原则，也是法治经济能否实现的基础和关键。因为，所有法律最终都是要通过司法机构来监督实现和贯彻的。如果出现了司法不公正，甚至出现司法腐败，那么任何公正和完善的法律都会失效，因而法治经济就会成为一句空话。尤其是在这种条件下，法律不仅不可能实现，还会成为某些人或机构的“帮凶”。因此，我们要建立法治经济，就必须要实现司法公正。如何实现司法公正？虽然涉及很多方面的问题，但我认为，就我国目前的状况来看，关键是要做到以下几点。

第一，司法独立。

司法独立不是指司法机构独断专行，其行为不受任何约束，“无法无天”，而是指司法机构以法律为本，将法律作为自己的行为准则和方向，法律至上，“以法为天，唯法为大”。也就是说，司法机构不能成为某些人或机构手中的工具，司法机构只效忠于法律，而并不听从任何超越法律的人或机构的摆布。因此，从这一点上讲，司法独立是司法公正的前提，如果司法机构不能独立地按照法律而执法，那么肯定就谈不到司法公正。在这个问题上，我们要处理好党管司法的问题。我认为，党管司法必须以法律为准绳，党不能超越或取代法律，因而党管司法的准则就是党的意图和行为不能取代司法机构，司法机构依法办事，而不是以党的意志办事。因此，司法机构的行为准则是法律，而不是党的指示或命令。法律至上是司法机构的行为准则和灵魂，党管司法不能影响或干预法律至上这个司法原则。我国司法不公正的一个重要原因，就是司法机构往往不能依法独立办案，因而我们在党管司法和党管干部的问题上，要以保证司法独立为前提。

第二，司法监督。

所谓司法监督，是指对司法机构及其执法过程和结果的监督。司法公正的实现，有赖于对司法机构的有效监督。可以说，没有良好的司法监督，就不可能有司法公正。司法监督首先涉及的是司法机构的内部监督，例如公安、检察院和法院之间的相互约束和监督，因此，我们应该构建良好的司法机构内部的监督体制。在这方面，世界各国已有许多好的经验供我们借鉴。但是，司法监督的关键还是在于对司法机构的外部监督。外部监督既包括立法机构及政府对司法机构的监督，也包括民众对司法机构的监督。立法机构及政府机构对司法机构的监督是很重要的，因而我们必须进一步完善人大及政府等机构对司法机构的监督。不过，我们不能忽视民众对司法机构的监督，要从有效性和有序化上为民众监督司法机构提供更多的路径和方式。当然，上述的各种司法监督都需要有一个重要的前提条件，这就是司法机构运作和司法过程的高度透明性，也就是要使各种监督能实现信息对称，因为各种监督失效和骗人，都发生在信息不对称的时候，因而我们必须提高司法机构运作过程和执法情况的透明度，让人们随时掌握司法机构的所有信息。公平公正的前提是公开，没有公开就没有公平公正，因而只有在信息高度透明的条件下，所有监督才是有效的。因此，我们必须提高所有执法行为的透明度，为司法监督提供良好的基础。

第三，司法效率。

司法效率是指司法机构必须高效率执法，随时维护法律的尊严和保护法律的实施。司法如果无效率，那么法治社会就是一句空话。因此，司法效率也是司法公正的重要内容。司法无效率，实际上也就是司法不作为。司法不作为，就其结果来说，实际上同非法治社会没有什么两样，因为它们都是会影响社会公平正义的，因而谈不到司法公正。如何实现司法有效率？当然首先是要构建一套有效的奖惩分明的司法机构管理制度，形成优秀的司法队伍。在司法队伍的构建及其内部管理体制的建立上，全世界各国都有许多经验可以借鉴。不过，司法效率也有赖于监督体制的完善，包括对司法效率的考核目标体系的建立及评价标准的设置等。总之，我们应该从各个方面形成高效率司法体制，从而使司法管理现代化，确保司法机构高效率运转，实现效率意义上的司法公正。当然，司法效率是建立在执法的准确性上的，首先要确保执法的准确性，如果“冤案”和“假案”太多，那么司法越是有效率，就越会破坏司法公正，因而提高执法准确率，是实现司法效率的前提和保证，我们必须确保执法的准确性，将司法效率建立在执法准确性的基础上，实现真正的司法效率。

第四，法律体系的健全与完善。

法治经济是指所有社会经济活动必须建立在法治的框架下，而要实现这一点，就必须有健全与完善的法律体系，包括宪法、刑法、民法体系。

法律体系健全与完善的重要标志，是法律体系反映了公平公正的基本原则，尊重与平等保护各经济主体的权利、规则、财产、契约，任何人或者法人及组织，都不能损害各个经济主体在这些方面的利益，否则将受到惩罚。

法律体系的健全与完善，要求所有法律规定必须建立在立法原则统一的基础上，各个法律之间不能不协调甚至相互对立，法律统一性原则是法律体系健全与完善的重要原则。

我国法律体系还远远谈不到健全与完善，例如民法典已经出台，但还需要在实践中完善，尤其是刑法还需要修改与完善，要适应快速发展与快速变化的经济的新业态与新趋势，使法律能够有效遏制经济犯罪的新方式及新手段，使法律体系能与经济发展相适应。

如上所述，法律体系的健全与完善，还要处理好法律与政策、政府行政命令之间的相互关系。政策与政府行政命令不能与法律相抵触，最终要统一到法律的基础上来，以法律为准绳，体现法治原则。

第五，有法必依。

中国法治经济的一个最大痛点，是执行难，从而使法治经济流于形式，严重损害了法治经济的形成，因此，有法必依是构建法治经济的关键。

有法必依首先要解决体制障碍，克服以党代法、以政代法、以人代法的弊端，任何个人及组织，都必须依法办事，不能超越法律。在这方面，要做体制上的设置，处理好法与党、政、权的关系，做到法律至上。

有法必依也要解决文化及习惯方面的问题，例如，中国在文化及习惯上非常重视“亲情”“友情”“人情”，这种文化及习惯本身并没有问题，但是在法律面前，“亲情”“友情”“人情”不能冲击与扭曲法律原则，不能以情代法。因为文化与习惯上受“亲情”“友情”“人情”影响太大，甚至对有些人来讲，可以说是积重难返，因而在有法必依问题上，要彻底从制度设计上做出应有的安排,阻断情大于法的影响,实现有法必依。

当然，有法必依最关键的问题，还是要防止司法腐败，腐败仍然是破坏法治经济的最大隐患，我国在法治经济上的多起案件，其最终原因都是因为司法腐败，因而打击司法腐败，仍然是我国实行法治经济的最重要举措，是实现有法必依的最主要举措，反腐必须保持常态化。

进入小康后如何推进经济现代化

什么是经济现代化？如何实现经济现代化？我认为经济现代化最起码有三个层次的含义：一是经济体制现代化，例如充分实现了混合经济体制、市场经济体制、法治经济体制；二是决定劳动生产率的技术创新得以快速发展，技术创新支持了现代化生产力的形成与发展；三是经济结构反映与体现了现代生产力的要求，形成了现代化经济结构。

按照中国对自身发展战略的设想，2020年实现小康；实现小康之后，再用15年左右时间，2035年基本实现现代化；然后再用15年左右时间，到2050年建成现代化强国。2020年虽然受新冠肺炎疫情的巨大影响，但我国不仅消灭了贫困，而且人均GDP达到1万美元，有14个城市人均GDP达到2万美元。总体上已经建成了小康社会。从2020年开始，将向现代化与现代化强国迈进，也就是说，我们2020年以后的核心目标将是现代化。

现代化是一个全方位概念，包括政治现代化、经济现代化、文化现代化、社会治理现代化、生态文明现代化等，但其中最为基础的是经济现代化。

什么是经济现代化，如何实现经济现代化？我认为经济现代化最起码有三个层次的含义：一是经济体制现代化，例如充分实现了混合经济体制、市场经济体制、法治经济体制；二是决定劳动生产率的技术创新得以快速发展，技术创新支持了现代化生产力的形成与发展；三是经济结构反映与体现了现代生产力的要求，形成了现代化经济结构。

对于经济现代化的这三个内含，本书其他地方讨论了第一个，即经济体制现代化，在这里主要讨论经济现代化的另外两个含义，一个是技术创新，一个是经济结构现代化。

一、技术创新问题

技术创新薄弱是中国目前最大的短板与劣势。华为是中国很好的企业，结果美国一搅乱，搞技术围剿，供应链就出问题。为什么？我们总体技术不行。

中国科学技术实际上一直不占优势，例如，中国过去的四大发明都是经验，没有从科学规律上解释问题。像火药，我们只知道一硝二磺三木炭几样东西放在一起能够爆炸，但没有发现火药的化学分子式与物理分子式，而西方发现了炸药的化学分子式与物理分子式。我们知道指南针一直指着南方，能把自己领回家，但不知道为什么。因为我们没有发现地球磁学说，这些都是西方人发现的。

再例如，近现代的五大技术，即家电、汽车、高铁、飞机、信息，我们都不是技术原创国。

中美关税战及疫情中对我国的所谓制裁，让我们沉痛地认识到自己技术不行这个问题，我们一定要想办法尽快补短板，加快技术创新。

怎样才能够做好技术创新，要做好三件事。

1. 解决技术创新的资金问题

大家知道，技术创新是烧钱的行为。美国之所以是技术创新大国，是因为它有大量资金支持。美国的很多富人离开世界后，他们的钱都变成公益性基金，这些公益性基金最后都大量投入了技术创新领域。公益基金不是慈善基金，不是把钱给穷人，而是用来创造技术，从而拯救社会。

我们的许多留学生不回国的主要原因是国内找不到研究基金。技术创新资金是我们一定要解决的问题，最近有两件事已经开始做了。

一是加大政府的资金投入，2019年的技术投资资金接近1万亿元，如果包括国防预算中的那部分技术投资资金，总量应该在15000多亿元，这是多年来技术创新投资最大的一年。

二是2019年6月13号放开科创板，打通社会资本与技术创新的通道，吸纳社会资本进入技术创新领域。

这两件事的主要目的是增加社会技术创新的资金支持。有了巨大的资金支持，技术创新才有大的发展。技术创新是资金密集性工作，没有大量资金投入是不行的。

2. 建成现代化实验室，构造技术创新的物质基础

没有庞大的实验室经济体系，是不可能搞技术创新的，技术创新都是在现代化实验室里完成的。

美国是世界上最强大的实验室经济国家，从1900年到现在，75%的诺贝尔奖之所以在美国产生，因为它有庞大的物质基础即庞大的实验室经济。现在美国对我们在这方面封

锁较严，留学生及访问学者根本不能进入美国核心实验室。怎么办？只有自己干才行。要大力发展实验室经济。

最近我们在推进科学城建设，就是构建实验室体系。要注意，中国改革开放实践的快速发展，也使一些名词的提法变化加快，例如过去叫开发区，后来叫产业园，现在是科学城。科学城的核心是现代化的实验室，这是最关键的问题。

现在，北京搞三大科学城，怀柔科学城、未来科学城、中关村科技城，怀柔科学城要建立五大类自然科学的实验室体系，为此将一所大学，即中国科学院大学办在它的旁边，要为科学城运行提供人才保证。粤港澳大湾区批准文件提出建立世界一流的华南技术创新中心，实际上就是要在华南建立世界一流的实验室经济；杭州成立西湖大学，只招3个专业：人工智能、移动互联网、生命生物工程，从招博士开始，博士做论文是在现代化实验室完成的，要建立一流的实验室经济。西湖大学实验室加上浙江大学实验室、阿里巴巴实验室，可以形成之江实验室体系。

未来几年内一个重要的政策导向是推动科学城体系的形成，为企业提供现代化的实验室体系，完成技术创新。实验室体系一旦形成，将向社会开放，向所有企业开放。

3. 调动人们技术创新的积极性，做好知识产权制度的调整

技术创新最终是靠人完成的，因而要推动技术创新，就必须充分调动人的积极性，为此，我们要修改知识产权制度。过去几乎所有知识产权都是国家或者某个机构的，与个人无关。这次全面修改知识产权方面的法律体系，个人可以拥有知识产权所带来的收益，他们可以持有技术创新方面的股权。技术创新与创新者的收益联系在一起了，这将有效调动技术创新人员的积极性。

在让技术创新者享有技术创新的经济收益这个制度的推动下，中国将产生第三次造富行动。

中国的造富分了几个阶段。

阶段一，体制造富。体制内、体制外差异很大，有些体制内的人胆子大，冲到体制外，获得了财富。

阶段二，产业造富，主要是房地产和信息产业。我们国家的富翁基本都产生在2010年以前，2010年后就停止造富了，因为产业已经饱和。

阶段三，技术造富，拥有技术知识产权的人将变成富翁。

我估计科创板一上线交易，当天能造就百余亿万富翁。

所以我说中国进入第三次造富即技术造富阶段。我估计要不了三五年就会爆发一批因为技术而形成的富翁。

最近我去调研，有的实验室凌晨2点还没关灯，在继续干活。这个制度的调整，让个人能获得知识产权所带来的收益，会极大地调动技术创新者的积极性和创造力。这对未来技术创新有巨大的意义。

我最近查了一下，可能有10多项技术会在短期内有所突破，从而产生一大批新富翁。

我们过去技术不好是因为我们的制度设计有问题，而现在要全面调整。

二、经济结构现代化问题

从现在的经济发展状况来看，我国实现经济结构现代化，要大力发展反映现代化经济结构的两大产业，一个是战略性新兴产业，一个是现代制造业。

1. 战略性新兴产业

所谓战略性新兴产业，就是指既有战略性又是新兴的，我们把具有这种特征的产业统称战略性新兴产业。战略性新兴产业有两个特点：一个是市场需求巨大，因为需求不大就没有战略性；另外一个是短期内技术能够突破，因为技术不突破就不会是新兴的。按照这两个条件来分析的话，我们国家在未来较长的时期内，战略性新兴产业是哪些，哪些产业能成为我们的战略性新兴产业？目前分析的结果认为，能成为我们国家战略性新兴产业的一共有八个要点。

新能源

新能源属于战略性新兴产业。所谓新能源是相对传统的能源而讲的。传统能源就是指化石燃料，就是地球表面的动植物埋到地底下，经过若干年的地球变动后把它挖出来具有燃烧功能，被作为能源。这种作为能源的燃料我们就叫化石燃料，像煤炭、天然气、石油之类就叫化石燃料。这就是我我们讲的传统能源。

所谓新能源是指非化石燃料。新能源主要有六种形态，水能、风能、太阳能、核能、生物能、地能。这六种我们统称新能源。当然，现实中的新能源主要是指前四种。

我这里提醒大家，我们国家在能源上，最近除了提新能源之外，还有两个名词，一个叫可再生能源，可再生能源实际主要包括风能和太阳能。因为环保主义者认为，水能都不能算，因为利用水能就要修水库，水库会破坏自然生态环境。因而可再生能源实际上就主要是指风能和太阳能。

还有一个概念叫清洁能源。清洁能源涉及范围更大，包括所有新能源，还包括一部分传统能源，像页岩气及天然气等，它们虽然属于传统能源，但它们是清洁能源。因此，除了新能源之外，还有一部分传统能源也算清洁能源。

所以在能源领域现在我们有 3 个提法，一个叫新能源，一个叫可再生能源， 个叫清洁能源。作为战略性新兴产业的是指新能源，主要是指风能、水能、太阳能、地能、生物能、核能这六大形态。

2015 年 8 月份我用了一点时间，对新能源这个领域做了一番考察。我发现水能在中国的投资空间似乎已经不大了，因为我们现在就剩下雅鲁藏布江这个水系还没开发，但这个水系开发似乎很难，其原因有二：一个是高发地震带，再一个涉及南亚和东南亚国家母亲河的问题，所以可能会引起国际上的纷争。因而我觉得水能的投资空间似乎已经不大。

至于风能和太阳能，也就是我们讲的可再生能源这部分，它属于新能源的一部分。风能和太阳能有三个问题似乎还不能解决。所以我觉得对这部分新能源我们还只能做探索性投资，完全大规模投资的条件还不具备，只能是探索性的投资。它的三个问题如下。

一是发电成本太高，风能和太阳能的发电成本远远高于传统能源的发电成本。正是由于发电成本太高，因而消费者不接受，因为消费者不管什么能源发的电，他们只选择便宜的。要让消费者接受的话，就得降低成本，怎么降低成本呢？现在做了两件事。一个是免征土地使用税，但是这个做法地方政府基本不接受。他们认为我们办了一个光伏电厂为什么不收税，根本不接受。我去河西走廊调研，有的光伏企业就是在戈壁滩上建的。这些戈壁滩过去就没有用。但是一建光伏电厂就要收税了。我跟他们聊天，我说你们这地方就没有用，人家建电厂为什么收税？他们说魏老师，你是搞经济学的，你应该明白，没有使用价值就没有价值，有了使用价值就有价值。所以这个做法基本行不通。第二个做法就是财政补贴，用补贴方式让消费者使用风能与光伏的电。但财政补贴遇到一个问题，就是钱从哪来？财政补贴钱从哪来得搞清楚，而且还要清楚补贴多少是合理的。我去考察的时候，好多企业说，魏老师你们不讲信用，说好的补贴，钱都不到位。我说很正常，钱从哪来没解决，补贴多少合理也说不清楚。所以目前补贴这个做法实际上很难实施。正是因为上述这些原因，所以这样来看，现有降低成本的两个办法，基本上在现阶段都用不成。我自己认为，要真正把成本降下来只有靠技术才行，技术突破才能真的把成本降下来。但是这种技术现在我看不到方向在哪里。所以发电成本过高的问题，现在实际上没有解决。这是第一个问题。

二是风能和太阳能有一个特点，就是间歇性和不可持续性。有风就有电，没有风就没有电；有太阳就有电，没有太阳就没有电。风大了，电就多；风小了，电就少；太阳强了电就多，太阳弱电就少，间歇性和不可持续性很明显。这就导致电没法上网，电网要求上网的电必须具有持续性才行。正因为电网要求平稳上网，而风电与光伏是不可持续和间歇性的，所以没法上网。怎么才能解决这个问题，平稳上网呢？需要形成一个重要的技术即储能技术。但是储能技术现在似乎连突破的方向也不清晰。2015 年 8 月份考察的时候好多企业老板说，魏老师，我们有新的储能技术。有人说，他们有一项浮悬式的储能技术，结果我去看，都是纸上谈兵。这时我才知道，全世界都在为储能技术而努力。这是世界性的问题，不仅是我们的问题。储能技术出现不了的话，风能与光伏就没法解决平稳上网的问题，这是第二个问题。

三是风电与光伏的技术路线实际上一直在摇摆。到底采用什么技术路线，似乎还没有形成统一的认识。例如光伏，到底是搞多晶硅还是薄膜发电？我参加这方面的研讨会，搞多晶硅的说薄膜没有前途，搞薄膜的说多晶硅没有前途。我说你们如果不能解释两个问题，一个是无锡尚德为什么破产，一个是汉能在香港的股价为什么拦腰斩断，这两个问题如果解释不清楚，就不能说服投资者来投资。无锡尚德是搞多晶硅的，已经破产了；汉能集团是搞薄膜的，股价 2015 年 5 月份在香港拦腰斩断，从 7 块多掉到 3 块多，20 分钟时间 1000 多亿港币就没了。因为香港股市没有跌停板制度，只要交易就继续跌，一看不对赶快停止了交易。现在汉能集团已不是自己停止交易，而是香港交易所要终止它的上市交易了。我估计背后的原因可能就是技术路线上是不是还没有突破，投资者在怀疑它。我认为，如果上述这两个问题不能说清楚的话，投资者很难大规模投资。

所以，风能和太阳能的这三个问题，决定了我们目前对它仅仅只能是探索性的投资，还难以进行大规模的现实投资，因为上述这三个问题没有解决。这是新能源的第二部分。

新能源的另外一部分就是核能。我们完成了核能的突破，大家知道清华大学及21家联合体2015年对外宣布，以清华大学为首的21家联合机构完成了第三代核电装备的生产。第三代是解决安全性问题的。核电最怕不安全，一怕地震二怕没有水。第三代解决了安全的问题，我们同美国、法国一起，已拥有这种技术了。所以我们2015年已经启动了三大核发电厂的建设。据说，我们第四代也已经完成了，只是没有正式公布而已。

我碰到一个投资核电的民营企业老总，他告诉我第四代也已完成了。第四代是解决核废料问题的。解决核废料是第四代核电装备的问题。大家知道，欧洲国家基本没有地震这种大灾难，但是怎么处理核废料这是个大问题。据说，这个问题实际上也解决了。所以2015年10月习近平出访英国最大的成果之一，就是中广核集团已经要与法国在英国联合建核发电厂。

原来我们是将核电建在发展中国家的，像巴基斯坦，而这一次发达国家也认可了我们的核电技术，这就说明我们这方面的技术已经完全突破了。所以新能源的核电这部分，有巨大的投资空间。因为不仅仅有中国市场的问题，而且涉及广大的世界市场。大家知道，据说2030年我们的新能源的发电量要达到发电总量的32%，而现在不到3%。而且在能源里面，可能大部分是核电。最近我碰到国家电网公司搞技术的人士，他告诉我说我们未来的框架性电网，要占整个电网的80%以上，分立式电网只占百分之十几。分立式电网就是自己用电、自己发电，就是我们讲的光伏和风能所生产的电，只占百分之十几，也就是说新能源一大部分将是核电。所以新能源中核电有巨大的投资空间和现实的投资条件。

我考察发现，新能源这部分，实际上水能的投资空间已不大，风能和太阳能投资因为有三个问题没有解决而实际还处于探索性投资阶段。生物能源的问题是一直没有找到可供使用的有效性生物，虽然地能代替空调的技术已实现突破，但地能发电技术还没有实质性进展。由此可见，真正拥有现实投资条件的是核电。而核电一旦启动之后，核电装备生产就会起来。核电装备生产涉及十几个产行业，能带动相关的产业起来。现有研究表明，现实有大投资规模和机会的是核电，核电投资将会大规模推动。这就是我们所讨论的战略性新兴产业的第一个要点即新能源。

新材料

新材料属于战略性新兴产业。因为未来好多产业的提升是靠材料的变革，也就是靠新材料。新材料不仅用途巨大，而且技术突破也比较快。大家知道，习近平 2015 年 10 月出访英国，专门去看了英国的石墨烯实验室。石墨烯是一种高硬度的纳米性材料。这标志着我国很关注新材料方面的动向，新材料未来需求巨大，而且技术也可能不断的突破。像中国 2015 年发生的天津港爆炸案，也告诉大家未来的新材料的方向。有一些化学品易燃烧，灭火不能用水而是新材料。一张薄膜打过去，一覆盖火就灭了。所以未来消防队不能仅仅考虑用水灭火的问题，还要考虑使用灭特殊燃烧品的新材料的问题。所有这些，未来都有巨大发展空间。目前我们已经成功下线的 C 919 飞机，实际上机壳就是一种的新材料，既轻又坚硬。所以新材料确实是属于战略性新兴产业，而且发展得非常迅速。

例如，据说利用石墨烯聚合材料生产出来的汽车电池，只充电几分钟就可以让汽车连续开 1000 公里；石墨烯强度超出钢几十倍，有望被用于制造超轻型飞机材料和超坚韧的防弹衣等；石墨烯如果取代硅，有望让计算机处理器运行速度快数百倍，有望引发触摸屏和显示器产品的革命，制造出可折叠和可伸缩的显示器等等。再例如，超薄材料的发现，会导致用品越来越薄。我估计手机未来会薄到与酒店的房卡差不多。手机薄到像酒店房卡那么薄不是遥远的未来，而是很快就会实现。当然，我想它太薄似乎不太好用，但是它肯定是会发生变化的。

我曾经考察过一个搞新材料的企业，他们告诉我说现在一个重要污染是塑料袋与塑料薄膜，叫白色污染。他们准备用新材料解决污染，要用一种可溶性材料生产塑料袋与塑料薄膜，这些塑料袋与塑料薄膜用坏后，收集起来与氧气隔绝 24 小时，就会成为碳水化合物，解决污染问题。他们说现在已经找到这种材料，但成本较高，现在正在降成本。可见，新材料是有巨大市场空间的。

从目前的一些数据来看，似乎英国站在新材料的前沿。

生命生物工程

生命生物工程属于战略性新兴产业。它涉及农业、医疗健康等等，需求巨大，而且技术突破非常之快。2015 年 10 月我去外地调研碰到我的一个学生。在这之前，我去他们的市里面就碰到过他。那天他正在剪彩，要成立一个体检中心，他还拉我去做剪彩嘉宾。但这次我见到他时他就告诉我说，魏老师，那个体检中心已经倒闭了。为什么倒闭呢，因为现在的体检，已经发展到了基因体检，抽几管血，根据你的基因推测你未来容易得肿瘤还是容易脑出血，提前就开出保健的建议，早就不用这种传统的体检了。我发现这个方向上变动非常之快，生命生物工程这个要点上，我估计未来会出现许多改变人们生活的各种创新。我最近调研这个领域发现，将会出现很多改变人们生活的突破。例如，现在已不是人体器官移植的问题，而是人体器官再造的问题。所以生命生物工程属于战略性新兴产业，这是第三个要点。

从目前的数据来看，似乎美国站在生命生物工程的前沿。我因为膝关节是退行性病变，使用了美国称之为 Move free 的一种保健品，效果甚好，该保健品就属于生命生物工程范围。

信息技术以及新一代信息技术

信息技术以及新一代信息技术是战略性新兴产业。大家知道，现在我们许多产业的技术能够突破的原因，是因为信息技术的发展，例如像新材料，我们之所以能够突破很快，就是因为信息技术为人们认识物理结构提供了更加有效的手段。再例如，生命生物工程之所以进步很快，也是信息技术的使用，让人们对生命生物领域的认识更加深入。

不仅如此，信息技术已深入运用到各行各业的生产之中，而且也广泛应用于人们的所有社会生活和特质生活之中。所以信息技术以及新一代的信息技术，属于战略性新兴产业。

战略性新兴产业的这个要点实际包括两个部分，一个是信息技术，一个是新一代信息技术。

信息技术这部分目前在中国投资热点有三个。一个是芯片。我们现在自己还生产不出芯片，我们每年进口芯片的外汇跟进口石油的外汇是一样的。大家想想，这个领域一旦突破，将有多大的贡献。所以最近我们极力支持产业基金及私募基金等基金进入这个领域投资。因为一旦成功的话，对我们将有巨大的影响。所以芯片是我国在信息技术上目前投资的重点。

信息技术的第二个投资重点就是无线传输技术。未来信息基本靠无线传输，无线传输技术有巨大投资空间。现在我们搞的所谓铁塔公司加室内路由器，实际上这都是不行的，未来一定会发生巨大变革，所以无线传输技术投资非常有意义。最近有许多产业基金之所以挤进这个投资领域，是因为有巨大的发展空间。

当然，在传输技术上还有一个传输内容、清晰度等问题，像由 4G 到 5G 的变革，在这方面华为似乎走到了前面。

信息技术的第三个投资重点就是终端使用。现在我们讲的“互联网 +”，就是信息技术的终端使用。这个现在我们做得还可以，但是未来投资空间仍然很大，像“互联网 + 金融”“互联网 + 教育”“互联网 + 医疗”等等,都是终端使用，是一个巨大的投资空间。像“互联网 + 金融”，出现许多新的东西，像 P2P，像众筹，像第三方支付等等。这些都是信息技术的终端使用引起的。

像众筹，我也遇到过。我住的那地方有一个小书店，我经常光顾，因为他们老板知道我喜欢什么书。比如说我喜欢人物传记，他能够把任何地方出的人物传记都搜出来。但是前一段时间，店主给我发了一个邮件说，魏老师，我们运作不下去了，现在实体店被冲击得很厉害，我们书店运作不下去了。如果你们还想让我继续运作的话，比如说再运作三年，那是不是你们一人拿一万块钱，如果有五十个人拿五十万，我保证为你们再运作三年，你愿意不愿意？你愿意的话就拿一万块钱，我筹够五十万，保证给大家再服务三年。我说一万块钱没问题，买三年服务太值得了。不过，过了几天他又发来邮件，说不行了，原来我们预计五十个人一人一万，结果有253个人都愿意参加，众筹了253万，要么你们253个人当股东一人一万，按众筹的钱确定一下书店还可维持多长时间。如果你们只想维持三年，那就不是一人拿一万，而可能是拿几千块钱就够了。这就是众筹。这就是互联网终端使用而产生的。未来中国在这些方面还是有空间的，而且我们现在还做得不错。

当然，还有些终端使用遇到了新问题，像第三方支付。对所谓第三方支付，大家知道银行现在意见很大，为什么？因为银行只有风险没有收益，第三方支付者没有风险只有收益。最近这方面的征求意见稿提出，每人每天用第三方只准支付五千块钱。我说这不行吧，钱是我的，我为什么每天只能支付五千。银行的员工告诉我说，因为过去没有互联网第三方支付的时候，银行工作就 8 个小时，你要取款也就是 8 个小时，但互联网一旦使用，24 小时都可以了，可以随意取款。但你放在银行的钱已贷出去了，而且银行为了应付你取款要搞配付，估计你取一块钱，他要配付 5 块钱放在那里，所以你的钱虽然是你的，但它都贷出去了，你要挤兑银行怎么办？这样一来，就出现了一些新的问题，银行一方强调每天第三方支付最多五千块钱，而支付方却说是我的钱，我爱支付多少是多少，为什么要限制我，这样矛盾就来了。所以我估计未来情况可能既不是互联网改造金融，也不是金融改造互联网，而是可能会出现非驴非马，是个骡子的现象，也就是要有新东西出来。这些都是终端使用引起的。我们国家在这些方面还有空间，目前投资空间仍然很大。

由上述可见，信息技术这方面，我们有三个投资热点，一个是芯片，一个无线传输技术及传输技术提升等，一个终端使用技术。

当然，现在的信息技术还有两个问题没有解决，一个是没有实现大数据化，一个是没有实现安全性。如果实现了大数据和解决了安全性的话，就进入新一代的信息技术时代。

由此可见，新一代信息技术有两个投资热点：一个是大数据，一个是安全性。现在这两个投资热点的投资很活跃。我没有想到的一件事，是我们国家的大数据企业好多集中在贵阳。所以世界第四次大数据会议在贵阳召开。为什么呢，据说因为这种企业对气候有很高的要求，我看他们在一座山的山腰打了一个洞，告诉我说是为了通风。我发现我们大数据方面的投资也很热。

同时，安全性的投资也有巨大意义。现在的信息技术还没有解决安全性的问题。所以中美在安全性问题上才争论来争论去，因为安全性问题在技术上没解决。一旦把对方的电网攻破的话，让你的电厂不能发电；把对方的银行网络攻破的话，让你所有银行不能工作；把你的航空网攻破的话，让你所有飞机不能起飞，等等，一秒钟让你完蛋，所以叫秒杀，这就是因为安全性没有解决。现在要解决它才行，所以许多投资者都在为此而投资。就我知道我们不少基金目前在这种投资上是很大的，一旦完成的话，意义重大。

总之，信息技术以及新一代信息技术，实际上在中国目前有五个投资热点：芯片、无线传输技术及传输技术提升技术、终端使用、大数据、安全性。这就是战略性新兴产业的第四个要点，信息技术以及新一代信息技术，这方面投资有具大意义。

节能环保

节能环保属于战略性新兴产业。因为我们国家已经取代美国成为世界最大的资源消费国，节约资源是个大问题；同时我们也是最大的污染国，环境问题是一个大问题。而节能环保不能单靠法律，最终是靠技术。因为事情都不能干，当然可以解决环境问题，但是有好多事情必须干，而干了还不能影响环境，这是平衡点。在这种情况下，保护环境靠什么？得靠技术。一旦靠技术，当然就是产业的问题。所以节能环保不仅仅是政策及法律的问题，还是一个产业的问题。因为凡是靠技术解决的，必然会形成产业。

例如，我国每年污水处理的产值有好几万亿，我们对生活废水处理还可以，但遇到化工废水就没有办法了，把它们偷偷排到地下，让整个土地都中毒了，像长三角重金属污染就很严重，这是近些年工业化的后果，出路只能是靠技术解决问题。

2015 年春节期间，有关媒体报道，说四川省的一个城市实现了蓝天白云，就是攀枝花市。春节以后我因为别的事顺便去攀枝花看了一下，确实蓝天白云。为什么蓝天白云？

就是因为攀钢脱硫技术完成了。治理环境靠什么完成的？就是靠技术。现在不是谁污染谁治理，而是谁污染谁拿钱，第三方治理，第三方治理当然就是产业化问题。所以节能环保是战略性新兴产业，在中国有很大的发展前景。这是战略性新兴产业的第五个要点。

新能源汽车

我们现在的汽车属于传统能源汽车，因而排污问题解决不了，连德国大众这样的企业都弄虚作假，搞一个软件让你查不出污染，可能因为这个问题现在实在解决不了，所以才搞这种欺骗消费者的事。真正要解决问题，要走向新能源汽车才行。新能源汽车是未来的方向。中国实际上已经把新能源汽车作为战略性新兴产业来推动。大家看最近我们规定未来任何城市建小区的时候，必须配套一个基础设施：充电桩，充电桩也是最基本的基础设施。大家看到现在好多城市开始大规模启动充电桩的建设。因为这是新能源汽车必须配备的基础设施。这就说明我们要大力推动这种新能源汽车的发展。

目前电动车做得最好的是美国的特斯拉。北京有人买了这种汽车。上次让我去开，非常好开。一点噪音都没有。为什么？我后来才知道，它没有发动机，就七块电池，所以没声音。但是我也很震惊，这种没有发动机的汽车一旦发展起来，汽车工业咋办？汽车工业的核心是发动机，但它不要发动机，所以这时候我才感悟到，战略性新兴产业的特点，就是在超越中发展自己，这个特点是很明显的。例如网购把很多实体店都搞垮了，大家看现在大的商场除了吃饭的地方人多之外，好多地方都没有人，因为要买东西网上一点就行，到实体店去干吗？所以我觉得这也是一个大问题，我们要考虑变革的负面影响的问题。

但是新能源汽车的发展方向应该不会受影响，而且全世界这方面的变革似乎很快。我看到一个资料，说英国剑桥大学在实验室中已生产出充一次电可以续航 660 公里以上的电池，而且这种电池可以连续充电 2000 多次，这些都表明新能源汽车将会很快得以发展。总之，新能源汽车是战略性新兴产业的第六个要点。

智能机器人

大家知道，智能机器人在生产领域使用就产生了物联网，也叫工业 4.0。现在发展得很迅速了。一次我到长沙去考察，有一家企业是为全世界的港口提供装备的，这个企业需要大量电焊工，但电焊工很难招，因为这个工种非常累而且有损健康，但是这家企业现在完全不为此发愁了，因为完全智能化，现场几十个焊枪在工作，安排一个人拿遥控器指挥就可以了。智能机器人在生产领域的运用，可以解决许多问题，而且会实现物联网和工业 4.0。现在许多有危险性的生产活动都逐渐在实行智能与机器人化。

智能机器人不仅运用于生产领域，而且现在已经运用到非生产领域了，例如服务业也开始使用它了。像遥控飞机，深圳那家公司一开始做的时候，还怕需求量不大，当时估计可能就是摄影爱好者买这玩意儿，但后来发现应用到很多领域。

人工智能目前在医疗影像、语音等方面都进展很快，我估计像医院的 B 超室、透视室可能都要消失了，因为医生戴个 AI 眼镜就行了，什么都能看清。最近我看到一位拿了像手机大小的语音翻译机，很方便，可以进行中日文对话。

智能机器人现在正在扩大使用领域，像无人驾驶汽车，恐怕也不是遥远的未来，据说技术上都没问题了。但我觉得现在是法律上的问题可能要赶快讨论。像遥控飞机，如果每家都买，满天飞，出了问题怎么办，谁来负责？有人买是正能量，有人买是为了窥察别人隐私，这就是法律问题了。再例如，无人驾驶汽车，撞死人谁负责任？我坐在上面我没驾驶它，当然我不能负责任，但谁负责任？是机器人负责任，还是买机器的人负责任，这都是现实问题。最近我参与这方面的讨论，才发现法律问题更加紧迫了，因为这些都将很快成为现实。

智能机器人似乎在非生产领域的使用范围越来越大了，例如现在智能保安机器人都已经出现了。我上次去一个地方考察，住宅门口站的就是机器人。我一站在那儿，它就告诉我，请拿出有效证件，连说三次，我还没拿，它说请你后退五步，你要不退，我就动手了，结果一下就一拳头过来，吓我一跳，它非常忠实于主人。

所以智能机器人未来需求会很巨大，智能机器人必定会成为战略性新兴产业的要点,有巨大的意义。这是第七个要点。

高端装备制造

我们国家的高端制造短缺，所以高端装备制造属于战略性新兴产业，像医疗装备就很短缺，例如核磁共振，我们就生产不出来。在北京你要搞核磁共振检查一下的话，快都得等一两天，因为我们短缺。

最近我碰到一家企业老总，他告诉我，说他们准备生产核磁共振设备了。核磁共振设备的基本原材料是稀土，他们现在已经控制一个稀土矿，现在唯一要做的就是要找到一个拥有这种生产技术专利的人才，因为它有专利保护，只有找到这个人，他们才可以生产。而且他告诉我，一旦生产，价格比国外的便宜30%都有很高的利润，因为国外对我们基本是垄断价格，垄断利润。所以，高端装备制造，属于我们国家的战略性新兴产业。

总体来讲，现在在讨论中大家一致认为，我们国家的战略性新兴产业在未来五年到十年内，可能主要包括上述这八个要点。新能源、新材料、生物生命工程、信息技术以及新一代信息技术、节能环保、新能源汽车、智能机器人、高端装备制造。上述这八个要点的不断发展，将会使战略性新兴产业逐渐成为我们国家的支柱性产业，对增长将有很大的贡献。估计每年为我们提供的GDP总量在50万亿元以上。

2. 现代制造业

大家知道，制造业分两种，一种叫传统制造业，一种叫现代制造业。怎么划分的呢？不是谁现代化、谁不现代化的问题，而是按所生产的产品的社会性质划分的。一般来说，传统制造业是生产私人产品的，吃穿住用都来自于它，现在我们的传统制造业严重过剩了；现代制造业是生产公共产品的，我们公共产品短缺，所以生产公共产品的现代制造业将代替传统制造业，上升为我们的支柱性产业，我们要大力发展现代制造业。

怎么发展现代制造业？在未来一段时间内，我国现代制造业大致上有六个要点。

航空器制造与航天器制造

航空器就是飞机，航天器就是卫星。

为什么把航空器即飞机作为一个重点？因为我国是一个飞机需求大国，现在空客和波音的第一大客户是中国。大家想想，我们如果能自己生产飞机，不买它们的飞机的话，我们恐怕就不会为7%左右的增长率发愁了，很可惜我们生产不出来，但是市场需求巨大。

同时，我们国家也是通用飞机需求大国，通用飞机就是低空飞机，私人飞机。最近我们讨论通用飞机的时候，大家都认为消费热点一般是从富人开始，逐渐波及一般人群。现在富人的消费热点是什么？大家说是私人飞机。按照消费的传导规律，通用飞机，一旦富人玩它的时候，会逐渐通过租赁方式而波及到一般人群，因为一般家庭买不起飞机，但一家人甚至几家人联合起来能租得起，例如几家人租架通用飞机到三亚玩一圈，这个支付能力是有的。租赁一旦起来，我们也就成为低空飞机需求大国了。所以请大家注意，不要小看这个要点，坐低空飞机会上瘾的，我坐了几次之后一到机场就琢磨能不能再有机会继续坐它，不想坐那个大飞机了。它有三个好处，第一不安检，直接登机；第二准时起飞，因高空拥堵而低空不拥堵；第三它是家庭式的装饰，喝瓶啤酒，一晃就到了，所以是享受的感觉而不是感到疲劳。所以我坐了几次特有感触，因而一到首都机场就想，今天有没有哥们的私人飞机坐一下。

卫星也是我们现代制造业的重点，因为我国卫星制造有自身的技术及性价比，不仅可以满足国内各种市场需求，也可以满足国际市场的需求，有巨大的发展潜力。

所以，现代制造业的第一个要点就是航天器制造与航空器制造。我国和俄罗斯准备联合开发宽体客机。2015 年国庆节前，中航集团公司的三家上市公司停盘，是要把发动机独立出去，飞机和发动机不应该是一家公司。因此，我们的布局已经启动了。这是现代制造业的第一个要点。

高铁装备制造

国内市场对于高铁装备的需求巨大，而且高铁装备在国际市场有非常强的竞争力。据说，2030 年我们每个县都要通高铁，因为我们终于发现在中国这一个人口众多且国土面积巨大的国家，陆地上最佳的交通工具就是高铁，极其方便，一下子带动了整个经济，人流物流信息流都活跃起来了。

江西萍乡市的朋友几次请我去，我一直不答应，因为到南昌下了飞机还要坐五个多小时的汽车，当然会很累，我一直不愿意去。后来他们告诉我说，魏老师你来吧，高铁通了，45 分钟就可以从南昌到萍乡。他们告诉我从萍乡再往前坐半个小时就是长沙了。我去了发现人流及物流一下子就都起来了。高铁将是我们未来最大的交通发展方向，市场巨大，并且可以出口。我估计中国高铁走向世界没问题了，可以说，高铁现在成了中国的一张名片。

我觉得中国改革开放中做得很成功的一件事就是高铁装备制造。引进、消化、吸收、提高，从而形成了自己的高铁装备系统。大家知道，十年前咱们在高铁上是学生，人家是老师，现在老师和学生同台竞争了，而且学生竟然能竞争得过老师，这是中国改革开放后做得相当漂亮的一件事，很有意义。

高铁装备制造一旦启动，它所带动的产业是多方位的，例如钢铁都会因此拉动起来。我 2014 年到内蒙古调研，去了包头市的包钢。包钢不是央企，是地方国有企业，他们告诉我说："魏老师，我们早就不生产建筑钢了，建筑钢严重过剩了，我们生产高铁轨道钢。"这时我才知道京沪高铁的轨道 70% 是包钢生产的。2014 年通车的日喀则到拉萨的铁路轨道，也是他们生产的。那是高寒地带，一会儿冷一会儿热，对钢铁质量有很高要求。高铁装备制造让我们钢铁过剩的生产能力也找到出口了。尤其是我们对外出口高铁装备，是一个系统工程。从钢轨到信息，到电力，到装备等是一体化的。有的国家让我们建设完以后运营一段时间再交付给他们。大家想想，这对中国经济拉动得多大。这就是现代制造业的第二个要点。

核电装备制造

核电装备制造我们已经完成了第三代及第四代技术的突破。首先国内未来的需求巨大。现在我们的核电不一定在海边，内地的湖边及河边都可以。大家知道，内地修建核电的可行性调研已经开始，因而国内市场需求巨大。同时，核电装备还要走向世界。我们早已经开始帮助发展中国家例如巴基斯坦制造核电设备了。发达国家也可以进入，像英国与我们签了协议，这就标志着我们的技术已经达到了发达国家的水平。尤其是英国在这方面是要求极其严格的国家，能进入英国就能进入别的发达国家。英国对我们起到了广告示范效应。我们把核电制造作为重要的要点来发展了。所以，现代制造业的第三个要点就是核电装备制造。

特高压输变电装备制造

为什么要把这个作为要点呢？因为我们准备用特高压这种技术改造中国电网，因此特高压输变电装备制造就成为现代制造业的重点。原来有人对此技术有些担心，因为全世界现在没有一个国家用这种技术，我们一旦用这种技术改造国电网，就会形成全国统一电网，全世界现在没有这种状况，例如美国的电网是以州为单位。我们一旦形成统一电网，会不会有安全性问题？现在似乎大家逐渐形成共识了，已经决定用特高压技术改造中国电网。正因为如此，所以特高压输变电装备制造就成为现代制造业的重点。未来几年，此项投资拉动的直接与间接投资可能有 4 万亿元左右。而且，据说现在国外也有国家对这种技术很感兴趣，例如墨西哥就承认我们的技术，要求给他们输出。这样一来，国际市场也会起来。因此特高压装备制造当然就成了我们现代制造业的重点，这就是第四个要点。

现代船舶制造

大家注意，现代船舶制造，不是传统船舶制造。现代船舶制造是以能生产航母为技术标准的。能生产航母的这种技术水平的船舶制造才叫现代船舶制造。为什么把现代船舶制造作为重点呢？因为我们要构建航母编队。2015 年 9 月纪念抗战胜利阅兵就充分释放了这个信息，因为天空中有舰载机编队飞过。舰载机就是在航母上起降的飞机，这就是告诉大家，建立航母编队是中国海军的一个发展方向。这就决定了现代制造业要把现代船舶制造作为重点才行，因为航母不能光买别人的。尤其是航母自己没战斗力，它是海上飞机场，一旦运作起来就要保护它，例如水下有潜水艇，水面有巡洋舰，空中有预警机。因而生产航母编队，反映的是一个国家的现代制造业的水准。所以，现代船舶制造就成了现代制造业的第五个重点。

数控机床

数控机床属于制造业的制造业，有许多高精工业部件是靠人生产不出来的，需要数控机床才能生产出来，因而数控机床很重要，没有它，就没有高精度的制造业。然而，数控机床恰恰是我们的短板，因此，我们必须大力发展数控机床。当然，它涉及人工智能及装备等方面的问题。

总体来讲，未来较长的时期内现代制造业的重点就这六个，由此可见，现代制造业生产公共产品。我们的公共产品确实短缺，所以要大力发展现代制造业，让它逐渐上升为我们国家的支柱性产业。

搞活企业与产业发展

本文对于朱镕基老院长有关搞活企业与产业发展的思想的探讨，时间基本限定在1992年初到2002年初。探讨的最主要资料虽然是朱镕基老院长的几本“讲话实录”，但本文也对比参考了1992年初到2002年初我国有关搞活企业与产业发展的历史实践。1992年初到2002年初，朱镕基老院长先后担任中央政治局常委与国务院常务副总理、中央政治局常委与国务院总理，实际上是中国经济发展与改革的最高决策者之一，而且是中国经济改革与经济发展的主要直接领导者。当时有关搞活企业与产业发展的具体实践，都充分反映

---

* 清华大学经管学院开设了一门“朱镕基经济理论与实践”的课，我是这门课的主讲之一，主要讲搞活企业与产业发展这部分。虽然讲了好几年，但一直没有成文。恰好新冠肺炎疫情期间“宅家”，有时间将讲课内容整理成文，现收录于本书之中。本文所称之80年代、90年代皆指20世纪80年代、90年代。

与体现了朱镕基老院长搞活企业与产业发展的思想与主张，因而我们需要从朱镕基老院长“讲话实录”与搞活企业与产业发展的历史实践的相结合上，探讨朱镕基老院长有关搞活企业与产业发展的思想。

一、搞活企业

搞活企业一直是中国经济体制改革的一个极其重要的内容，90年代的提法是“企业改革是经济体制改革的中心环节”。因此，搞活企业是朱镕基老院长的经济思想的重要内容。从朱镕基老院长的有关搞活企业的谈话及当时我国企业改革的实践来看，90年代我国搞活企业的基本思路是：按照市场经济的要求，充分放活企业，调整政府与企业的关系；从政府直接管企业，转向政府主要是政策导向。即使是国有企业，也要从管企业而转向主要管资产与管资本；将属于企业的权利放给企业，尤其是逐渐将企业体制选择权与企业投资经营权放给企业；企业有权确定内部体制设置及投资经营活动；在市场经济基础上建立新的企业体制，使企业形成责权利相统一的市场经济主体；对国有企业以改为主，对民营企业以放为主，以效率为原则，以生产力为标准；无论任何性质的企业，都一视同仁，平等地享有国民待遇，最大限度调动各种生产要素的积极性；政府对企业的调节重点，放在构建新的宏观经济政策上，而且宏观经济政策不能对企业强势干预，而是顺势引导。

总的来说，从1992年到2002年，中国搞活企业的重点，主要表现在两个方面：改革国有企业，大力发展民营企业。

1. 国有企业改革

国有企业改革是90年代搞活企业最为重要的一个举措。如何改革？在90年代，尤其是从1992年开始，我们在国有企业改革上逐渐放弃了80年代国企改革的主要路径，即承包制。

企业改革一开始因为受农村承包责任制的影响，基本上采取了承包责任制的方式。这种承包责任制虽然一开始对提高企业经营效益发挥了较大的促进作用，但是很快便暴露出其缺陷。第一，工商企业经营活动不像农业生产经营活动那样简单，仅仅是依靠土地，而是更多地依赖于设备及技术，在设备折旧及技术贡献方面，当然也不像确定土地贡献那样简单，而是很复杂的。这就决定了承包者与企业所有者必然存在实在难以很好处理的各种纠纷，承包活动实际上难以正常有效地维系。第二，工商企业承包者往往只考虑承包期自身的收益，不太会考虑企业的长远发展利益，因而在设备投资及技术创新上一般不会有长期战略，这就导致依赖于设备更新及技术创新的工商企业很难长期高效发展，甚至出现设备过快折旧及技术被盲目淘汰的情况，也就是企业短期利益与长期利益是冲突的。第三，承包者因为并没有企业的股权及控股权，因而受股权及控股权所制约的企业技术创新及设备更新，实际上很难进行，这就导致企业缺乏持续性，没有长期的发展后劲。承包期一到，企业就可能成为一堆废铜烂铁。第四，承包者没有所有权，因而对企业的深层改革实际上很难进行，诸如涉及企业产权制度及公司治理等方面的改革就难以进行，劳动人事制度及收入分配等问题当然也难以进行真正的改革，而这些改革恰恰是国有企业所需要的。第五，承包制不涉及企业产权制度变革及企业公司治理改革，当然不可能解决国有企业深层次的问题，而只能进行表层的一些调整，这种调整往往会因为承包者在利益上的较高收益，而引起相关利益者的不满，也就是所说的“红眼病”，因而最终会因为各种原因及方式而终止承包，使承包制无法深入持续推进。

总之，因为各种原因，承包制这种国企改革方式在90年代初就消失了，国企改革进入新的时期。应该说，与80年代的企业改革相比，90年代是中国企业改革进入实质性改革的时期，现在中国企业的许多符合市场经济要求的体制设置，大都形成于90年代。90年代搞活企业的改革实践，形成了现在国有企业的体制与活力的基础。可以说，没有90年代搞活国企的改革，就没有后来中国经济的快速发展。在90年代放活国企的改革实践中，有一项重要的改革值得称道，即“抓大放小”，这项改革实际上是在朱镕基老院长的直接领导下完成的。因此，我们这里以此为例，来探讨朱镕基老院长有关搞活企业的思想。

“放小”

所谓“放小”，就是将那些既不涉及国家经济命脉，也不涉及国家经济安全的中小国有企业，由国有企业逐渐转向非国有企业与股份制企业，当时称之为非国有化与股份化改革。

当时这些中小国有企业的基本特征如下：一是行政性很强，都隶属于从省市县到乡镇的各级政府，甚至都有行政级别，如地厅级企业、县处级企业、正科级企业等；二是亏损严重，大都处于亏损状态，需要政府财政来养；三是负债累累，有不少企业靠借债度日，严重拖累金融机构的正常经营；四是技术落后，基本没有发展的后劲；五是人浮于事，冗员压力很大，缺乏活力，扭亏无望。

因此，当时对于这些中小国有企业，选择非国有化与股份化的改革，是完全正确的，是改革的重大创举。

在推动中小国有企业非国有化与股份化的进程中，逐步解决了如下问题。

第一，资产定价问题。当时中小国有企业的非国有化与股份化，并不是无偿转让国有资产，瓜分国有资产，而是以市场方式转让国有资产，而且在有偿转让的一开始，就强调要防止国有资产流失，坚持转让的市场化方式。如何实现国有资产在市场化中的公平交易与转让，当时在实践中有两种国有资产的定价原则，一个是投资成本法，即定价以原始投资为依据；一个是资产收益法，即定价以资产未来收益为标准。这两个原则，前一个往往是出售者要考虑的因素，因为出售者要考虑自身的投资成本；后一个是购买者要考虑的因素，因为购买者并不是购买资产本身，而是购买资产背后的未来收益。但最终实际上是这两个因素的有效平衡，这样才能既保证出售者的利益，也保证购买者的利益。因此，在交易过程中有些国有资产可能因为亏损严重而没能收回投资成本，但这并不算国有资产流失，而是投资失误必须承担的责任，是市场交易原则的必然结果，我们不能因此而得出国有资产流失的结论，从而否定非国有化与股份化的改革。只要交易过程坚持公开透明、公平公正的原则就行。现在有人以国有资产流失为理由而否定当时那场改革，这是不对的。

第二，负债问题。任何资产都是由资本金与债务资金而形成的，因而资产交易的基本原则是债务跟着资产走，即购买资产，当然要承担资产上的债务，这是市场化的资产交易原则。但是，这种市场化的债务处理原则，是以债务是正常债务为前提的，如果债务是非正常负债，远远超过了公认的正常负债程度，那么这种债务就被称之为债务负担，而不是债务，因为债务负担不是正常负债，所以债务负担不能跟着资产走。资产购买者往往要求资产出售者要把债务负担转变为正常债务，然后债务才能跟着资产走。当时我国中小国有企业的大量负债都属于债务负担，不是正常债务，因而交易过程中必须首先将债务负担转向债务，其中最常见的做法是用资产冲销债务，即资产与债务的交易，结果有些中小国有企业因为债务负担太重，严重资不抵债，所以当用资产把债务负担冲销为债务后，资产就是一个零了，这样就出现了当时零资产收购国有企业的现象。有人将此称之为国有资产流失，这种说法是不对的，这不属于国有资产流失，实际上属于正常市场交易。

第三，员工身份转变问题。原有中小国有企业员工与企业的关系，是人身依附关系，一个人只要成为国有企业员工，那么企业对员工就是“生老病死”一包到底,当时俗称“铁饭碗”。这是计划经济条件下的企业与员工的关系。但国有中小企业实行非国有化与股份化之后，这种关系不可能存在了，要转变成为市场经济为基础的企业与员工的关系，即企业与员工在有就业契约的时候，企业按规定向员工支付相应的报酬并为员工交纳有关社会保障费用。就业契约一旦解除，员工将把自己的社会保障账户转向新的就业企业，因而企业与员工是一种契约关系。如何将员工与企业的“铁饭碗”的人身依附关系转向市场化的企业与员工的契约关系，当时不少企业采取了买断工龄的做法，基本上是一年工龄给一个月工资，这实际上是不合理的，因为企业欠员工的应该是按工龄建立的社会保障制度，应该按照员工的各自工龄为他们缴纳应有的社会保障。当时这种做法对就业很短的员工来说，没有太大的问题，但对就业时间长久的员工来说是非常不合理的，因而后来产生了一些因此而形成的企业与员工的冲突。当然后来国务院做了补救，提出当时参与改革的员工，到退休年龄时，只要缴够了 15 年社会保障费用，就能享受应有的退休金制度。

中小国有企业的非国有化与股份化的改革中所遇到的上述这三大问题，在改革实践中逐步得到了解决，最终使中小国有企业完成了转型，从而不仅有效减轻了国家财政与金融的压力，而且有效释放了生产力，使企业活力得以有效增强，中国经济后来强劲增长的重要原因，就是在这场改革中，形成了许多高效益的著名企业。现在中国民营经济 500 强企业中的不少企业就是在这场改革中形成的，因此，“放小”的改革应该充分肯定。

“抓大”

所谓“抓大”，就是按照市场经济要求，对涉及国家经济命脉及国家经济安全的大型国有企业进行全面改革，建立现代企业制度，激发大型国有企业的活力。当时最重要的举措有如下几项。

第一，重塑政府与大型国有企业的关系。在计划经济时代，政府与大型国有企业关系有两个特征：一是行政性，当时基本实行的是产业部制，即一个产业一个部，例如化工有化工部，纺织有纺织部，煤炭有煤炭部，石油有石油部，制造类从一机部到七机部等等。大型国有企业都由这些政府部门直接管理，行政性极强，企业经营行为完全被行政化了。二是多头管理，许多政府部门都分别管大型国有企业的某个方面，除了产业部直接管理外，国家计委管大型国有企业投资，财政部管资产，企业工委管人，经贸委管日常经营等等，这种多头管理实际上是无人管理，机构之间经常争权夺利，有责任互相推诿，出了问题时甚至最终连责任人都找不到。因此，90年代开始重塑政府与大型国有企业的关系：一是逐渐取消了所有产业部，像化工部、纺织工业部等产业部全部取消，最大限度地减少政府对大型国有企业的行政干预；二是将多个政府机构管国有企业的“多头管理”，转向由一个专司部门负责的“一头管理”，开始是成立国家国有资产管理局，后来又撤局，成立经贸委，由它负责大型国有企业管理，当然进入2000年后，又撤销经贸委而成立了国资委。在这种专司机构的探索中，一直强调专司机构的管理核心不是直接管企业，而是逐渐转向管资产与管资本。总之，90年代的“抓大”，实际上是重塑了一种新型的政府与大型国有企业的关系。应该说，这种改革为后来的大型国有企业改革打下了良好的基础。

第二，剥离企业办社会，将企业转变为真正的市场经济的经营主体。计划经济体制下的企业，实际上并不是一个真正的市场经济经营主体，而且还具有办社会的职能，例如大型国有企业有自己的学校、医院、餐饮、洗澡、理发、电影院等社会服务机构，甚至有的大型国有企业还有自己的司法机构如派出所等，因此，当时国有企业并不是一个真正的经营主体，还要办社会——一个大型国有企业，就是一个大型社区，企业是社区的管理者。在90年代改革中，逐渐以各种方式剥离了企业的这种办社会的职能，让企业成为真正的市场经营主体，这种改革不仅减轻了企业负担，而且逐渐将企业变成为真正的企业。

第三，按照市场经济要求重塑企业与职工的关系，建立市场化的企业与职工的关系。在计划经济时代，企业对职工基本实行“生老病死”全包，一个人只要成为国有企业员工，那么他就捧的是“铁饭碗”，没有下岗失业之说，而且干好干坏一个样，职工对企业具有完全的人身依附关系。企业职工不是自由流动，而是由国家分配与调动，国有企业职工是一种“全福利”的身份象征。因此，90年代开始改革这种国有企业与职工的关系：一是推行双向选择，企业与职工都有相互选择的权利，推动国有企业职工市场化流动，最大限度地消除企业冗员问题；二是企业对职工不再是一种全包的关系，而是按照市场经济原则为职工支付应有的报酬，并缴纳相应的社会保障费用，社会保障账户随劳动者的流动而流动，一旦员工退休，企业就完全将职工的社会保障功能交给了社会。职工退休后由社会保障机构支付相关的费用，从而与企业在这方面彻底解除了关系，形成了市场化的契约式的新型劳资关系。

第四，强调效率化原则，打破干好干坏一个样的“大锅饭”式的收入分配制度，建立新的奖勤罚懒的效益化的薪酬制度，逐渐以个人的贡献为基础，拉开了企业内部的收入差距。在这方面值得称道的是90年代后期，更加重视企业经营管理者与技术创新者的贡献，在效率化原则基础上形成了有贡献的企业经营者与技术创新者的高收入制度，有效拉开了他们与普通职工收入的差距。这对后来的企业薪酬制度改革具有重要的作用，尤其是对不患寡而患不均的传统观念发起了挑战，非常有利于整个社会的新型收入分配思想的形成，为中国经济发展注入了强大动力。

第五，推动公司化改制，从工厂制走向公司制，按照有限责任公司与股份公司的原则改革大型国有企业体制，不断向现代企业制度迈进。90 年代大型国有企业改革的一个重要内容是从工厂制转向公司制，逐渐形成了董事会、监事会、经营管理层三者各司其职又相互制衡的基本框架。尤其是当时根据国有资本出资人往往虚设，出资人职能不到位的情况，非常重视对董事会与监事会的建设，做了不少有益的探讨，例如重视外部董事及外部监事。应该说，在公司化改制方面，90 年代的大型国有企业改革做了许多有益的尝试，虽然有些尝试现在看来存在欠缺，但正是这些尝试让我们也取得了不少经验，为后来大型国有企业走向混合经济改革打下了很好的基础。

第六，重新界定大型国有企业与金融、财政的关系，构造市场化的大型国有企业与财政、金融的新型关系。在计划经济时代，财政与金融实际上是大型国有企业的“保姆”，当时理论界将此种情况称之为财政与金融对国有企业是“软约束”，因而最终国有企业的所有亏损都由财政与金融“托底”。90年代在对大型国有企业进行改革的过程中，开始逐渐消除财政与金融对企业的“软约束”关系，形成了市场化为基础的国有企业与财政、金融的新型关系，例如推进大型国有企业的税与利的彻底分开，金融方面的债转股等改革，都在这方面起到了很好的改革作用。应该说，通过90年代的改革，财政作为出资人的权力与利益，金融机构作为债权人的地位及利益，都有了清晰的界定，大型国有企业与财政、金融的“软约束”，逐渐走向“硬化”。

第七，注重大型国有企业的产权制度改革，推动大型国有企业上市，为后来的混合经济改革打开了通道。90年代所推动的大型国有企业股份制改革与上市，不仅仅是单纯的融资方式的改变。大型国有企业从单纯的间接融资走向间接融资与直接融资相结合，实际上触动了大型国有企业的产权制度改革，为混合经济改革作了有益的探索。在这方面，值得称道的是放开了民营经济的进入，尤其是允许外资投资入股大型国有企业，这对大型国有企业改革有重大作用。

总之，90 年代的“抓大”，实际上是一场深化大型国有企业改革的重大创举，做了不少有效的探讨，为后来的大型国有企业不断深化改革打下了坚实的基础。可以说，90 年代的大型国有企业改革为后来的大型国有企业改革基本上确定了方向与思路，奠定了坚实的基础，冲破了许多传统思想的束缚，后来的大型国有企业改革基本上是按照 90 年代大型国有企业改革的思路而推进的，90 年代大型国有企业改革对我国大型国有企业改革具有历史性贡献。

2. 大力发展民营经济企业

大力发展民营企业是 90 年代搞活企业的重要内容。大家知道，在改革开放之前的传统社会主义经济体制中，我们的目标是追求纯而又纯的公有经济，要割资本主义“尾巴”，是不允许民营经济存在的，就连一些修理农具的小作坊，也都被改造成为集体所有制的公有制企业，因而当时谈不到所谓发展民营企业的问题。

改革开放之后，尤其是到 80 年代中期，也就是启动城市改革之后，我们开始承认非公有经济，认为非公有经济是社会主义经济的必要补充，因而民营企业开始形成，但是因为当时只认为非公经济是社会主义经济的必要补充，因而民营企业只是一些从事小饭店、小流通、小生产的个体经济企业，连私营经济企业都不是。当时所产生的快速发展的乡镇企业，在定性上仍然是公有制企业，即集体所有制企业，有的地方还将乡镇企业定义为地方国有，因为它们是地方政府创办的。

总之，80 年代实际上民营企业发展受到了很大的约束与限制。在这方面有一个典型案例。当时温州的一些民营企业到北京王府井百货商场推销自己的产品，王府井百货商场的回答是，我们是国营企业，只卖公有制企业的商品。温州民营推销人员试探着问，股份合作经济算不算公有制经济，回答是算公有经济。结果是温州民营企业都变成了股份合作制经济，开证明说明它们的产品都是股份合作制经济企业的产品，从而才进了北京王府井百货商场出售。可见，80 年代民营企业发展是多么不容易。

1992 年我们才承认市场经济，尤其是到了 90 年代中后期，我们开始承认非公有经济是社会主义市场经济的“重要组成部分”，强调民营企业的“国民待遇”，提出民营企业创办者也是社会主义经济的“建设者”，因而民营经济得以快速发展。

第一，承认民营经济既包括个体企业，也包括私营企业，在发展规模及就业上不再作任何限制，尤其是允许并推动乡镇企业逐渐转制为民营企业。同时，鼓励体制内人员辞职下海经商，创办民营企业，从而推动了“92 派”民营企业大规模发展，现在不少知名民营企业就产生于这个时间段。

第二，在要素配置上逐渐向民营经济放开，例如在土地使用以及能源和某些紧俏原材料的供应上，都逐渐向民营企业放开，这些都为民营企业扩张提供了很好的保障。尤其是当时对国有企业及体制内一些技术人员在节假日及休息时间为民营企业提供技术服务的问题，有了重新界定，不再搞一刀切，而是逐渐松动。

第三，在经营范围上，不断向民营企业放开，凡是不涉及国家经济安全及国家经济命脉的经营活动，民营企业都可以参与，一些重大建设项目民营企业也拥有了参与招标的权利，民营企业也被纳入国家采购行列，电力服务、电信服务、家电行业、旧城改造等领域逐渐放开，90 年代是民营企业经营领域放开最快的一个时期。

第四，在融资方式上不断向民营企业放开，银行等金融机构都将民营企业资金需要逐渐纳入计划之列，并不断提高其比例，尤其是90年代末与21世纪初，开始允许民营企业上市融资，放开了民营企业的直接融资通道，虽然当时所占的比例极低，但表明政策上民营企业不再是禁区，为后来全面放开民营企业融资方式按下了启动键。

第五，在政治上、法律上、文化与社会地位上，逐渐赋予民营企业的平等地位。例如，法律上承认平等保护各类产权，提出合法的私人财产同公有财产一样不可侵犯。强调要平等保护民营企业产权，任何个人及机构不能随意侵犯民营企业产权。又例如，在政治上提出民营企业人士承认与遵守中国共产党党章，无论个人财富多少，也可以加入中国共产党，而且民营人士要在各级人大及政协中占有一定的比例等等。再例如，在文化及社会地位上，强调不能仇视财富，关键是要看获得财富的方式及拥有财富的人的素质，不能一概强调为富不仁，而是要鼓励依法致富与推动民营企业队伍的健康成长，使他们拥有应有的文化与社会地位。应该说承认民营企业家队伍及尊重企业家精神，是起始于90年代的。

总之，因为在90年代我们对民营企业实行了放开与大力推进的政策，因而民营企业在90年代得以快速发展。民营企业在各个方面与80年代相比都发生了重大变化，无论是在技术含量、经营规模、人员构成上，还是在经营范围、体制机制等方面，都与80年代不能同日而语，现在不少著名的民营企业都是形成于90年代的，也正是因为民营企业的快速发展，才推动了中国经济在90年代的高速发展。

二、产业发展

探讨朱镕基老院长有关产业发展的思想，并结合中国90年代产业发展的实践，对中国90年代产业发展的历史进程与特征加以分析，其目的并不是单纯地回顾，而是要对现阶段产业发展有所帮助，因此，我们的分析实际上涉及两大问题：一是朱镕基老院长的产业发展思想与90年代中国产业发展的特征，二是朱镕基老院长的产业发展思想及90年代我国产业发展实践对我国现在产业发展的启迪。

1. 朱镕基产业发展思想及90年代中国产业发展的特征

朱镕基老院长在产业发展方面的基本思想是，在市场经济条件下，产业发展的基础是市场需求，市场对产业发展具有决定性调节作用。产业发展的规模及方向的最终约束力量是市场需求，因而产业发展不能违背市场发展的内在规律与方向。在企业作为市场主体，具有投资经营权的条件下，政府不能直接干预产业发展的规模与方向，只能通过产业政策及财政与货币政策等宏观经济政策而对产业发展实施导向性作用。不同产业发展都有自身的特征，与不同经济成分都有内在相互吻合的关系，因而不同产业往往需要与之相适应的不同经济成分。产业升级的根本出路在于提高劳动生产率，核心是技术创新。技术创新是产业升级与发展的强大推动力。在世界经济日益走向一体化的条件下，产业发展必须要有国际视野，使本国产业能够融入世界产业链之中，在世界供应链中占有应有的地位与份额，实现产业上的国际合作。

从90年代中国产业发展的实践来看，中国产业发展的轨迹基本上是平稳协调的，与市场需求相适应，而且产业升级步伐较快，在世界供应链中的地位与作用不断强化，具有下述几个特征。

第一，产业发展以市场需求变动为基础，循序渐进，平稳且可持续发展，没有出现太大的起落，大的失误几乎没有，产业发展基本上与市场需求变化相吻合。例如，经过80年代的改革开放，在大多数人已解决温饱问题的条件下，人们对于家俱、家居、家电的需求日益增长，因而家俱、家居、家电产业在90年代初得以快速发展。90年代中期人们对通讯需求日益上升，因而信息产业快速发展，座机很快满足人们的家庭需求，并且很快带动了个人移动通讯的发展。随着收入的增长，人们对居住条件的改善有了新的要求，因而引起住房制度的改革。住房制度发生了根本性变革，从住房配给制走向货币化住房制度，由此导致房地产产业在90年代中后期的较快发展，而且当时基本坚持房地产以满足居住需求为原则的导向。房地产业的发展，不仅使地方政府有资金增加基础设施与城市建设投资，带动经济增长，而且也引发与房地产业相关产业的发展。随着人们收入的提高，人们必然对出行方式有了新的要求，小轿车进入家庭是必然的，因而汽车产业在90年代中后期得到了快速发展。它涉及众多工业部门，因而对经济增长起到强有力的推动作用。出行方式的变化及人们生活水平的日益提高，必然对基础设施有更高的要求，因而国家在1998年全面推动基础设施建设的展开，从而引发了建筑业、建材工业、建筑装备制造业等产业的快速发展，为后来中国成为世界公认的“基建狂人”打下了基础。中国基础设施的真正改变，起始于90年代后期；随着物质生活的不断满足，人们开始对环境、教育、文化、健康、旅游、娱乐、休闲等方面的事业及产业有了新的要求，因而90年代后期有效推动了这方面的事业及产业的发展，例如在大学扩招、休假制度改革、解决京津冀沙尘等方面，都取得了公认的成就；尤其是在事业性与产业性的划分界定上，做得比较好，没有随意性不加区分地在这些方面搞产业化，对产业化的提法较为谨慎，从而有效推动了事业与产业的有效发展，使它们成为推动中国经济增长的强大动力。

第二，产业发展的动力来自企业之间的充分竞争，因而政府不能过多地干预企业对产业的自主选择，更不能人为制造障碍，尤其是不能搞所有制歧视，限制民营经济投资范围，政府在产业发展方面的主要职能是选择与实施产业政策。这方面，在90年代基本上做到了。当时不少急需发展的产业，就是因为放开了企业的有效竞争，很快使产业发展满足了市场需求，例如家电产业及通讯等产业就是如此。大家知道，90年代初家庭电话还是一个行政级别概念，只有一定行政级别的人才能有电话，但通讯产业放开之后，到90年代中期，任何有支付能力的人，都可以拥有家庭电话了，家庭电话逐渐得以普及。

第三，产业发展的重要障碍是垄断。尤其是行政化形成的行政垄断，因而在产业发展中必须防止垄断，尤其是行政性行业垄断。中国是从计划经济过渡过来的，原有体制的一些做法容易在产业发展中形成某些国有企业的行业垄断，因而90年代产业发展中很重视反垄断，在这方面做了不少有益的尝试，例如电讯业一分为三，都是试图在这方面有所作为。虽然从现在的角度来看，某些反垄断的做法似乎并不成熟，有些缺陷，但当时已经意识到这个问题了，并做出了各种反垄断的尝试，这就是一个重要的贡献，为后来这方面的工作提供了有益的经验与教训。

第四，技术创新是产业发展与产业升级的核心问题，中国在技术创新上的滞后，尤其是核心技术的滞后约束了中国的产业发展与产业升级，中国必须重视技术创新问题。朱镕基老院长在“讲话实录”中多次谈到这个问题。确实，中国在技术创新上严重滞后，例如在家电、汽车、飞机、高铁、信息这五大现代技术上，我们都不是原创国，因此，90年代在产业发展中我们非常重视技术创新问题，在这方面有两点值得称道一是强调要处理好技术引进与技术创新的关系。实践证明，国际竞争者是不会把核心技术随便转让给我们的，我们必须将自身技术创新作为产业发展与升级的基础。例如在汽车产业上，我们误以为市场可以换技术，结果是市场丢了，核心技术并没有换来。汽车产业的这个教训使得我们后来在高铁发展上更加重视自身的技术创新，从而使高铁获得了成功。二是技术创新要做好三件事：首先，要从国家与市场两个方面加强对技术创新的资金投入，调动各方面投资于技术创新的积极性，加大资金投入；其次，构造技术创新的物质基础，尤其重视实验室经济及重大科学装置的建设；再次，调动技术创新人员的积极性，使他们能够获得应有的收入，尤其是技术创新中形成的知识产权的收入。应该说，我们在90年代为了产业发展与产业升级，在技术创新方面做了不少有益的探索，积累了有效的经验，为后来的技术创新打下了良好的基础。

第五，在产业发展与升级中更加重视民营经济的作用，不断放开民营经济的经营范围与产业选择，90年代在这方面做了不少工作，因而现在不少著名的民营企业就是因为90年代产业放开的政策而成长壮大起来的。从现在来看，在这方面，90年代有两件事值得关注：一是凡是适合于民营经济经营的产业，都向民营经济放开，不要人为设置障碍，搞所有制歧视，因此，后来出现的长三角的民营经济在化工、机械制造等方面的产业优势，珠三角的民营经济在家电、信息等方面的产业优势，就得益于90年代我们在产业上对民营经济经营范围的放开；二是即便是适合于国有企业所从事的诸如航天器制造与航空器制造、核电装备制造、现代船舶与海洋装备制造等产业，也要以分工协作方式引进民营经济，向民营经济开放，使民营经济在零部件配套、生产性服务等方面参与其中，形成有效的分工协作体系，使国有民营都能充分发挥自己的作用。90年代在产业发展上向民营经济放开所做的这两件事，对后来中国产业发展起到了非常大的作用，也对中国经济体制改革，例如混合经济改革起到了重要的作用。

第六，产业发展要有国际视野，形成开放格局，不能搞自我封闭，要在世界分工协作中找到自身的位子与发展道路。在这方面，90年代有两件事对我国产业发展起到了关键性作用：一是产业开放，允许外资在中国的可以放开的产业中投资，而且外资投资的产业领域不断随着经济发展而放开，有效推动了中国产业与经济的发展；二是主动进入世界产业链之中，参加国际分工协作，在世界产业链之中参加国际分工协作，不断占据独特的关键性位置。正是90年代中国的产业开放与主动加入世界产业链，才使得后来中国以制造与市场的两大优势而逐渐进入世界经济舞台，而且也使自己不断向经济强国方向迈进。入世就是90年代产业开放所带来的结果。

总之，90年代中国产业发展基本上是平稳而顺畅的，没有出现太大的失误，虽然也有些教训，例如汽车产业方面有失误，但总体是好的。可以说，90年代的产业发展为后来中国的产业发展提供了强大的物质基础与发展的经验，现在的产业发展实际上是90年代产业发展的持续和升级，我们应该充分认识到这一点，不能割断历史。

2. 朱镕基产业发展思想及90年代产业发展实践对现在的启迪

我认为，最起码在下述几个方面对现在具有重要的启迪意义，值得我们借鉴。

第一，产业发展的规模及结构最终受制于消费的规模与水平，产业发展必须以消费的状况为基础。从这一点来说，我们现在的产业政策要注重中国目前的消费状况，中国进入小康社会之后，消费必然有如下的特征：一是“吃”，从吃饱饭而发展为吃出健康与享受；二是“穿”，从御寒防热走向追求时尚与现代；三是“用”，从简单实用而走向家电、家俱、家居水平不断提升；四是“行”，从自行车走向了以小汽车、高铁、飞机为特征的现代出行方式；五是“住”，以避风挡雨走向了对舒适型、享受型、环保型的追求；六是在生活质量上，更加注重健康与长寿；七是在生活方式上，更加注重对旅游、休闲娱乐、影视、音乐、戏剧等方面的精神享受；八是在人生发展上，更加注重教育与自我提升；九是在生存环境上，更加注重信息与人际交流；十是在人生规划上，更加关注应对与规避风险。因此，我国产业发展必须注重消费的这些特征，从这些特征来考虑产业结构的发展方向与规模。

第二，消费升级的背后必然是产业结构升级，支柱性产业会发生变化，尤其是要大力发展这样三个产业：一是战略性新兴产业，包括新能源、新材料、生命生物工程、信息技术及新一代信息技术、节能环保、新能源汽车、人工智能、高端装备制造；二是现代制造业，包括航天器与航空器制造、高铁、核电、数控机床、特高压输变电装备、现代船舶与海洋装备等；三是服务业，包括消费服务业、商务服务业、生产服务业、精神服务业等。

第三，要注重推动产业升级与发展的背后的动力体系，在中国进入小康社会后，诸如科技创新、民营经济发展、制度创新、工业化与城市化、劳动与人口红利等有效推动产业升级与发展的动力，仍然是产业发展的最主要力量，必须重视这些因素，有效发挥这些因素的作用。

第四，产业发展要有世界之格局，坚持人类命运共同体理念，做好这样几件事：一是从制造大国转向制造强国，在世界产业链与供应链上占有关键性地位；二是全方位开放市场，包括物质产品市场、服务业市场、投资市场，以市场红利促进中国与世界产业链与供应链融为一体；三是继续推进国际的人际交流，发挥中国在留学生、跨国旅游服务贸易等方面的优势，推动中国不断融入世界产业结构之中，形成国际化产业结构。中国绝不能在产业发展上与世界脱钩，必须融入世界，推动新的全球化时代的到来。

总之，中国已进入到小康社会，产业发展与90年代已经不能同日而语，但是90年代的经验仍然值得我们总结与记取，从而使中国产业仍然能像90年代那样平稳而快速地发展。